Elisabeth Mardorf

Wer immer geradeaus geht, kommt nicht weit

Elisabeth Mardorf

Wer immer geradeaus geht, kommt nicht weit

Dem Leben eine neue Richtung geben

Kösel

ISBN 3-466-34443-3

Druck und Bindung: Kösel, Kempten
Umschlagmotiv und Ausschnitte im Innenteil: ZEFA/Masterfile
Umschlaggestaltung: Kaselow Design, München

Gedruckt auf umweltfreundlich hergestelltem Werkdruckpapier (säurefrei und chlorfrei gebleicht)

Inhalt

Lebenswege und Verwandlung

Die Schnecke fragte den Rosenstock: »Haben Sie sich jemals Rechenschaft gegeben, weshalb Sie blühen und wie der Hergang beim Blühen ist; wie und warum nicht anders?«
»Nein!«, sagte der Rosenstock. »Ich blühte in Freude, weil ich nicht anders konnte. Die Sonne schien und wärmte, die Luft erfrischte, ich trank den klaren Tau und den kräftigen Regen; ich atmete, ich lebte! Aus der Erde stieg eine Kraft in mich hinauf, von oben kam eine Kraft, und deshalb mußte ich immer blühen; das war mein Leben, ich konnte nicht anders!«
(Aus der Geschichte von Hans Christian Andersen, *Die Schnecke und der Rosenstock*)

Heinrich Böll erzählt in seiner Geschichte *Das Risiko des Schreibens* von einem Schriftsteller, der auch »nicht anders konnte«, obwohl er für das Geldverdienen einen anderen Beruf ausübte. Der Verleger einer Zeitschrift fragte ihn, warum es so viele Genies und so wenig Manager gebe, und warum er schreibe, obwohl so viele Manuskripte abgelehnt werden und obwohl er doch einen anderen Brotberuf habe.
»Aber warum tun Sie das? ... «
Diese Frage war dem Schriftsteller noch nie gestellt worden, und er dachte nach. »Ich habe«, sagte er schließlich, »ich habe keine andere Wahl.«
Dieses Buch handelt von der inneren Berufung, von der Suche nach dem eigenen Lebenssinn. Im ersten Teil geht es um die vermeintlichen Irrwege und Umwege auf unserem Lebensweg, die uns gelegentlich von unserer Berufung weg-

führen. Wenn wir aber neue Wege einschlagen, ist es wichtig, einen organischen Rhythmus zu finden, der respektiert, dass wirkliche Entwicklung zu dem, was unser Wesen ausmacht, auch eine Zeit der Verpuppung braucht, in der das Neue in Ruhe heranreifen darf.

1 Was mache ich mit meinem Leben, wenn ich nicht Mozart heiße? Von Irrwegen und innerer Berufung

Als der amerikanische Psychotherapeut Milton Erickson ein junger Mann war, verirrte sich ein fremdes Pferd auf den Hof seiner Familie. Das Pferd hatte kein besonderes Erkennungszeichen und niemand wusste, woher es kam. Erickson bot trotzdem an, es zu seinen Besitzern zurückzubringen. Um das zu erreichen, stieg er einfach auf das Pferd, führte es zurück zur Straße und überließ es dem Pferd, den Weg zu wählen. Er griff nur ein, wenn das Pferd den Weg verlassen wollte, um zu grasen. Schließlich kam das Pferd etliche Kilometer entfernt auf einem Hof an, und der Bauer wunderte sich: »Woher wusstest du, dass das unser Pferd ist?« Erickson sagte: »Ich wusste es nicht, aber das Pferd wusste es. Ich habe nur dafür gesorgt, dass es auf der Straße blieb.«

Wie das Pferd verirren auch wir uns oft auf unserem Lebensweg und finden uns in beruflichen oder persönlichen Situationen wieder, in denen wir uns selbst fremd sind. Wir treffen Berufsentscheidungen und andere wichtige Lebensentscheidungen, die von der Vernunft diktiert sind, von Ratschlägen oder von Familientraditionen, und entdecken erst später im Leben, dass da etwas fehlt …

Etwas Wesentliches fehlt uns – nämlich unser eigenes Wesen, unser eigener Seelenkern. Viele Menschen haben das Gefühl, in einer Situation zu leben, in der sie nicht sie selbst sein können. Tief in ihrem Innern haben sie eine Sehnsucht nach »etwas anderem«, das sie oft gar nicht genau benennen können. »Eigentlich bin ich ganz anders, aber ich komme so selten dazu«, nannte der Schriftsteller Ödön von Horváth ironisch diesen Zustand.

»Eigentlich«: Mein eigentliches Wesen ist anders als das, was ich alltäglich lebe. Das, was mir zu Eigen ist, meine Eigen-Art, verkümmert – ich werde mir selbst fremd, und meine innere Stimme ist ein kleines zaghaftes Stimmchen geworden. Und dennoch ist er da, dieser Seelenkern. Heimatlos zwar, aber mit einer Ahnung, wo er eigentlich heimisch wäre.

Die Griechen nannten diesen Seelenkern den inneren »Daimon«. Bei den Römern hieß er »Genius«. Dieser Daimon hat Ähnlichkeit mit dem Schutzengel im Christentum, der jedem einzelnen Menschen zugeteilt ist und über dessen Wohlergehen er wacht. Wohlergehen im Sinne des Daimon oder Genius aber heißt: dem eigenen Wesen gemäß zu leben.

Marie-Luise von Franz, die Schweizer Tiefenpsychologin, sah dieses innere Seelenzentrum als eine zunächst nur angeborene Möglichkeit. Ob diese Möglichkeit von dem betreffenden Menschen verwirklicht wird, hängt davon ab, ob er bereit ist, ihr Gehör zu schenken. Es ist also nicht nur vom Schicksal oder von äußeren Lebensbedingungen bestimmt, wie wir uns entwickeln. Die Verantwortung im Umgang mit dem, was uns auf den Lebensweg mitgegeben wurde, bleibt bei uns selbst.

»Der freie Wille ist wie ein Brunnen, den Du besitzt. Du kannst Dich dafür entscheiden, Wasser aus dem Brunnen zu schöpfen oder nicht. Das liegt ganz bei Dir. Der Brunnen existiert, ob Du Dich nun entscheidest, ihn zu benutzen oder nicht.« (*F. Lenz*, S. 59)

Im Taoismus ist Tao ein Grundbegriff, der wie ein Paradox anmutet: Einerseits ist für den Einzelnen ein Weg (Tao) als Möglichkeit angelegt, andererseits entsteht dieser Weg erst dadurch, dass der Einzelne ihn geht. Wer das Tao verwirklicht, bemüht sich, im Einklang mit dem universellen Tao

zu leben. Es geht also auch hier nicht um egoistische Selbstverwirklichung, sondern um Verantwortung.
Im ihrem *Lied vom Leben* schreibt die Dichterin Anna Platsch:

»Es war schon
bevor es entsteht.
Spiegelung
jener Lettern
eines größeren Buches.
Lesbar nur,
wenn ich jede einzelne Seite
eigenhändig wende.«

Wenn ich meiner eigenen Berufung gemäß lebe, bin ich im Einklang mit diesem »Größeren«. Dieser Einklang ist die tiefe, aber oft verschwommene Sehnsucht vieler Menschen, und sie haben Schwierigkeiten damit, sie im Alltag und im Berufsleben zu verwirklichen. Die vage Sehnsucht erzählt nicht immer klar, was denn die eigene Berufung ist. Aber eine Ahnung davon, nicht im »richtigen Leben« zu sein, bleibt, eine schmerzhafte Wehmut: »Die Seele wird traurig in ihrem tiefsten Innern, wenn sie den Auftrag, den sie ahnt, nicht erfüllen darf.« (*K.H. Röder*) Oft aber sind es nicht Hindernisse von außen, sondern unsere eigenen Ängste, die uns an der Entfaltung hindern. Davon wird später noch die Rede sein.
Der Tiefenpsychologe James Hillman greift die Idee vom Daimon auf und geht davon aus, dass dieser persönliche Schutzgeist jedes Menschen unsere wahren Bedürfnisse und unsere innere Berufung kennt. Er sorgt dafür, dass wir diese trotz aller Irrwege im Leben nicht völlig vergessen. Wie das Pferd in der Geschichte finden wir unseren »Weg nach Hause« immer dann wieder, wenn wir unseren »Daimon« neu entdecken und uns von ihm führen lassen.

»Werde, der du bist«, nannte C.G. Jung diese lebenslange Aufgabe, für die er den Begriff »Individuation« prägte: nämlich uns dem anzunähern, was in uns angelegt ist. Hillman spricht von der Eichel, in der alles angelegt ist für den großen Baum, eine Art inneres Bild davon, was aus dieser kleinen Eichel werden soll. Und eben dieses Bild wirkt als innerer Führer, als innerer Schutzgeist, als »Daimon«, der die Erinnerung an die ursprüngliche Aufgabe wach hält.
Ich möchte dieses Bild erweitern. Nicht jeder ist als Eiche vorgesehen – einige Menschen sind vielleicht als Fichten gemeint, kämpfen aber ihr Leben lang darum, eine Eiche zu sein. Wer jedoch aus weichem Holz geschnitzt ist, kann nur unglücklich werden, wenn er vorgibt oder durch seine Erziehung dazu gezwungen wird, ein Hartholz-Gewächs zu sein. Er lebt in dauernder Spannung und kann die selbst gesetzten oder ihm auferlegten Ideale nie erreichen.

Lebenspläne, Begabung und das »Mehr« im Leben

Die Erkenntnis, dass die einmal angestrebten Ziele nicht für alle Zukunft taugen, kann sich in verschiedenen Phasen des Lebens entwickeln – in der Schulzeit, in der Ausbildung, in den ersten Berufsjahren oder nachdem man sich längst in einem Beruf etabliert hat. Selten ist es ein einziges einschneidendes Erlebnis, das einem die Augen öffnet. Oft stellt sich neben Veränderungen im beruflichen Umfeld, auf die wir reagieren müssen, eine schleichende Unzufriedenheit ein, die sich allmählich steigert und einem suggeriert, das ganze bisherige Leben sei ein Irrweg gewesen. Das Gefühl, das »eigentliche Leben« habe immer noch nicht angefangen, kann ein Zeichen dafür sein, dass jemand seine eigentliche Begabung noch nicht gelebt hat.

»Begabung« – dieses Wort wurde immer unmoderner, je mehr die Psychologisierung des Lebens voranschritt. Erziehung und Umwelt hatten angeblich den größten Einfluss auf die Entwicklung eines Menschen. Chancengleichheit und Integration waren modische Begriffe, die suggerierten, es gehe um die bestmögliche Förderung. Das Wort »Begabung« aber meint mehr. Eine Begabung ist eine Gabe, ein Geschenk des Schicksals, eine Mitgift, etwas Mit-gegebenes. Im Englischen meint »gift« ein Geschenk, und jemand, der »gifted« ist, ist begabt oder talentiert. Hermann Hesse spricht in seinem Buch *Demian* vom »Amt der eigenen Seele«, das man sich nicht beliebig aussuchen kann: Es wird einem als Aufgabe mitgegeben. So geht es hier nicht um Egoismus, sondern um Demut. Wer seine Begabungen ernst nimmt und seinen Platz im Leben einnimmt, erfüllt den Dienst an seiner Lebensaufgabe.
Etwas ist mir mitgegeben auf meinen Lebensweg, ist mir vielleicht sogar als Auftrag gegeben – aber was dieses Etwas ist, muss ich selbst herausfinden. Nur bei wenigen Menschen ist schon früh ohne Zweifel klar, wo ihre Begabung liegt, wohin ihr Schicksal sie ruft. Niemand von uns ist ein Mozart – wir normalen Sterblichen leben eher unseren banalen Alltag zwischen Zähneputzen, im Stau stehen, uns über das Minus im Gleitzeitkonto ärgern, Telefonate erledigen, zu Terminen hetzen, Knöpfe annähen, Windeln wechseln, Projekte planen, Steuererklärungen machen, Geburtstage vergessen, Präsentationen vorbereiten, auf den Urlaub warten.
Begabungen? Innere Berufung? Solchen Luxus können sich vielleicht Künstler leisten, aber doch nicht wir!
Wirklich? In einem Winkel Ihrer Seele hoffen anscheinend auch Sie, dass es da noch ein »Mehr« geben könnte, denn sonst hätten Sie nicht zu diesem Buch gegriffen. Vielleicht haben Sie das Gefühl, in einer beruflichen oder privaten Sackgasse zu stecken und suchen nach Alternativen. Vielleicht sind Sie nur vage unzufrieden, bekommen aber Panik,

wenn Sie sich vorstellen, Ihr Leben solle noch 30 Jahre lang so weitergehen. Vielleicht befinden Sie sich auch in einer tiefen Lebenskrise und haben das Gefühl, Ihr bisheriger Lebensweg bestehe nur aus Irrwegen, und wenn Sie noch einmal von vorn anfangen könnten, würden Sie alles anders machen. Und vielleicht gibt es ja schon eine Idee davon, was dieses »Mehr« sein könnte, das Sie in Ihrem Leben vermissen. Bevor Sie weiterlesen, nehmen Sie doch ein Blatt Papier oder Ihr Tagebuch und schreiben fünf Minuten lang drauflos über das, was Sie sich »mehr« wünschen. Legen Sie das Blatt hinten in dieses Buch und schauen Sie es in Abständen immer wieder an. Je »unrealistischer« Ihre Ideen, umso besser!

Nach den Wirren des Zweiten Weltkriegs, der Millionen von Lebensentwürfen zerstörte, kam es allerdings nicht auf Selbstverwirklichung oder Phantasie in Lebensentwürfen an. Phantasie war zwar gefragt in der konkreten Bewältigung von Alltagsproblemen, in der Organisation von Nahrung, Kleidung, Wohnung, aber ansonsten war das Wichtigste eine verlässliche Arbeitsstelle, die einem ein sicheres Einkommen und möglichst wenig Veränderungen versprach. Und auch Kinder, die es »einmal besser haben sollten« als ihre Eltern, die also anders leben sollten als diese, wuchsen mit der Vorstellung auf, man erlerne einen Beruf, den man dann sein Leben lang ausübe. Der einmal eingeschlagene Weg sollte möglichst eingehalten werden.
Die Realität sah und sieht aber anders aus. Wer am vertrauten Wohnort bleiben möchte, findet dort nicht die Stelle, die seiner Ausbildung entspricht und muss Kompromisse schließen. Wer seinen Traumjob in der weit entfernten Stadt findet, muss eventuell eine Wochenendbeziehung führen und riskiert womöglich die Partnerschaft. Und wenn er dann einige Jahre in seinem Traumjob arbeitet, muss er vielleicht feststellen, dass seine Firma verkauft wird und er Opfer von

Umstrukturierungen wird. In der Karriere-Beratungs-Rubrik einer Zeitung für Ingenieure heißt es: »Sie müssen stets damit rechnen, dass Ihr Arbeitgeber sich verändert. Und zwar so stark, dass Sie sich dort nicht mehr heimisch fühlen. Dann müssen Sie gehen ... Der Arbeitgeber wurde früher ... wie ein lebenslanger ›Ehe‹-Partner gesehen. Analog zur gesellschaftlichen Entwicklung hat er sich zum ›Lebensabschnittspartner‹ gemausert. Firmen verändern sich oft so schnell, dass die vorhandene Veränderungsbereitschaft der Mitarbeiter absolut überfordert wird ... Fest steht, dass jeder von uns seine Veränderungsbereitschaft in Zukunft deutlich erhöhen muss.« (Heiko Mell, *VDI-Nachrichten vom 11.8.2000*)
Aber selbst dieser Karriereberater, dessen Orientierung sicher nicht auf den Individuationsprozess im Sinne C.G. Jungs abzielt, warnt davor, Menschen zu überfordern und zu viel Flexibilität zu verlangen: »Andererseits will ich experimentierfreudige Unternehmensleitungen auch gewarnt haben: Eine gewisse, ein paar Jahre umfassende Konstanz sucht der Mensch schon und wird es immer tun. Das gilt für seinen Beruf, für seine Wohnung, für seine Partner – und für sein Arbeitsumfeld.« (a.a.O) Also auch hier die Polarität von Veränderung und Konstanz!

Konsequenz, Veränderung und die Treue zu sich selbst

Die Konzepte früherer Jahre taugen nicht mehr für die veränderte Arbeitsmarktsituation. Von außen aufgezwungene Veränderungen können große persönliche Krisen hervorrufen, aber auch als Chance zur Neuorientierung gesehen werden. Manchmal wird gerade durch eine erzwungene Veränderung der Mut aktiviert, endlich die längst begrabenen Träume noch einmal zu beleben.

»Wer immer geradeaus geht, kommt nicht weit«: Wer von seinem jetzigen Standpunkt aus starten würde und wortwörtlich immer geradeaus in eine Himmelsrichtung ginge, würde zwar unterwegs viel sehen, aber letztendlich wieder dort landen, wo er gestartet ist. Es würde ihm aber so oder so nicht gelingen, denn er hätte Flüsse zu überqueren, deren Brücken weiter rechts oder links liegen, hätte Zäune zu überklettern, während weiter abseits ein Tor lockt, stünde plötzlich vor einer Mauer und müsste einen Umweg machen. Wer nicht bereit ist, neue Wege zu suchen, kann nur an der Mauer scheitern. Und dennoch scheint tief in unserer Seele die Idealvorstellung zu schlummern, wir müssten immer konsequent die einmal eingeschlagene Richtung verfolgen. Von Erich Kästner stammt angeblich der Spruch: »Entweder man lebt oder man ist konsequent«. Entwicklung heißt Bewegung. Bewegung beinhaltet Veränderung – und paradoxerweise kann eben auch das Bemühen, uns selbst treu zu bleiben, Veränderung verlangen.

Aber fast jeder, der eine größere Veränderung plante – sei es eine neue Ausbildung, einen Stellenwechsel, eine Trennung vom Partner – hat erlebt, dass Menschen in der Umgebung ihm Ratschläge gaben, die das Festhalten an der bestehenden Situation zum Ziel hatten. Und jeder, der eine solche Veränderung überlegt, kennt die Schuldgefühle, die sich einstellen – so als ob man etwas Schlimmes täte, wenn man das Vertraute verlassen will.

Zwischen diesen beiden Polen – Festhalten am Vertrauten einerseits und dem Wunsch nach (oder der Notwendigkeit zur) Veränderung andererseits – bewegen wir uns ein Leben lang. Wir können Pläne machen, sollten aber jederzeit darauf eingestellt sein, sie ändern zu müssen. Wir können uns in einer beruflichen oder privaten Situation einrichten und eine Weile wohl fühlen, merken dann aber nach einer Zeit, dass nun etwas anderes »dran« wäre.

Selbst bei der Karriereplanung, die jahrelang suggerierte, man solle konsequent am »Aufbau« der Karriere arbeiten, ist mittlerweile Flexibilität in den Zielen gefragt. Noch einmal Heiko Mell: »(Man muss) ... einen Generalplan haben, an dem man sich ausrichtet – und anhand dessen man merkt, wie weit man sich mit einzelnen Schritten ggf. vom Ziel entfernen würde. Diesen Plan braucht man unbedingt – aber nicht stets denselben! Das Leben um Sie herum, die berufsrelevanten Gegebenheiten und Sie ändern sich so schnell und so oft, dass ein stures Durchhalten einer Planung über fast vierzig Jahre hinweg nicht machbar ist. Lösung: Die Planung ist unter Einbeziehung des bisherigen Weges alle paar Jahre fortzuschreiben, dabei können sich Ziele ebenso ändern wie die Wege dorthin.« (*VDI-Nachrichten vom 1.9.2000*)

Um diese immer wieder neue Orientierung – von außen oder von der eigenen inneren Entwicklung her notwendig werdend – geht es in diesem Buch. Es geht um Lebensziele, um den Lebensweg, um Stabilität und Veränderung, um den inneren Seelenkern, um Treue zu sich selbst und die Bereitschaft, immer wieder neu anzufangen. Um Abschied von einmal eingeschlagenen Wegen, um Ängste, Schuldgefühle und Hoffnungen, Suche und konkrete Umsetzung von Träumen.
Das Thema »Wer immer geradeaus geht, kommt nicht weit« lässt sich – seinem Inhalt entsprechend – nicht geradlinig behandeln, sondern bewegt sich ebenso in geschlungenen Linien wie das Leben selbst und wie die Entwicklung der Persönlichkeit. C.G. Jung spricht in diesem Zusammenhang von der »Circumambulation«, der Umkreisung: »... Es gibt keine lineare Entwicklung, es gibt nur eine Circumambulation des Selbst. Eine einsinnige Entwicklung gibt es höchstens am Anfang; später ist alles Hinweis auf die Mitte.« (C.G. Jung, *Erinnerungen*, S. 200)

Irrwege haben ihren Sinn

Welch ein aufregender Gedanke ist es, dass die Irrwege oder sogar Brüche, die vielleicht nach den ersten scheinbar geradlinigen Entwicklungsschritten folgen, ein Teil des Weges zu unserer eigenen Mitte, zu unserem »eigentlichen Wesen« sein könnten! So betrachtet, sind all die Abweichungen, all die Pfade, die wir nicht weiter verfolgt haben oder nun nicht mehr weiter verfolgen wollen, vielleicht doch sinnvoll?
Wie auf einer Spirale begegnen uns unsere Lebensthemen immer wieder, aber auf einer anderen Stufe. Das ist tröstlich, wenn wir es bislang nicht geschafft haben, das, was uns wirklich wichtig ist, in die Tat umzusetzen. Aber zu lange sollte man nicht warten: »Nach Erik Erikson kommen zwar versäumte Züge zumindest einmal im Leben noch einmal vorbei, die meisten sogar mehrmals, sodass wir eine Entwicklungsaufgabe, die wir in der dafür vorgesehenen Phase nicht lösen konnten, noch einmal angehen können. Das Problem besteht nur darin, dass sie dann zu den Aufgaben einer neuen Phase hinzukommt und die Lebensreise dadurch als ganze komplizierter wird.« (I. Riedel, 1997)
Vor einiger Zeit wurde ich 50 Jahre alt, und dieser Geburtstag war ein Anlass, Bilanz zu ziehen und auch einige Weichen neu zu stellen. Das ging nicht ganz ohne Krisen ab – Veränderungen sind nun einmal nicht nur angenehm. Als ich meinen beruflichen Weg Revue passieren ließ, dachte ich an einige Situationen, in denen ich zutiefst unglücklich war. In einer früheren Arbeitsstelle einige Zeit nach dem Studium zählte ich täglich die Stunden, bis ich das Büro verlassen konnte. Die Arbeit dort schien so sinnlos, so inhaltsleer, eine Vergeudung von kostbarer Lebenszeit. Aber ich konnte aus privaten Gründen noch keine neue Stelle suchen, da abzusehen war, dass mein Partner und ich diesen Wohnort verlassen würden, wenn er seine Ausbildung beendet hätte. So

quälte ich mich durch zwei Jahre hindurch, an denen ich darauf wartete, diese unbefriedigende Situation zu verlassen. Selbst eine sehr gute Bezahlung konnte nichts daran ändern. Nach einiger Zeit der Unzufriedenheit konnte ich aber immerhin die Vorteile dieser beruflichen Situation sehen: Die zeitliche Flexibilität und der Bildungsurlaub in diesem Bundesland gaben mir die Möglichkeit, nebenberuflich eine psychotherapeutische Ausbildung zu beginnen und meinem Traum, eines Tages als Therapeutin zu arbeiten, näher zu kommen.
Rückblickend kann ich noch eine Reihe anderer positiver Aspekte dieser eigentlich unbefriedigenden Arbeitssituation erkennen: So lernte ich eine ganze Menge über den Alltag in großen Betrieben, über gewerkschaftliche Arbeit und das Betriebsverfassungsgesetz, über Berufspolitik und betriebsinterne Intrigen, darüber, zu wem man besser Distanz hielt und bei wem man wagen konnte, freundschaftliche Kontakte zu knüpfen. Mit zweien meiner früheren Kolleginnen bin ich heute noch, mehr als 25 Jahre später, befreundet! Auch das ist ein positiver Aspekt einer an sich so negativen Situation. Vor allem aber lernte ich sehr viel »zwischen den Zeilen«, bekam ein Gespür für Entscheidungs-Abläufe in großen Firmen, für offizielle und inoffizielle Hierarchien, lernte, hinter die Kulissen zu schauen. All dieses Wissen war mir in meiner späteren Arbeit sehr hilfreich, und heute bin ich froh darüber, dass ich zwei volle Jahre in dieser Arbeitsstelle aushalten musste. Ich möchte eine solche Situation nicht noch einmal erleben, aber die Lernerfahrungen aus dieser Zeit auch nicht mehr missen.
Später befand ich mich noch einmal in einer Arbeitsstelle, in der ich aus verschiedenen Gründen unglücklich war. Ich konnte zwar, wie ich es mir erhofft hatte, mit Menschen arbeiten, aber vieles in der äußeren Situation trug zu meiner Unzufriedenheit ebenso bei wie das Gefühl, dies sei noch

nicht »das Eigentliche«. Zum ersten Mal dämmerte mir, dass »das Eigentliche« tief in mir drinnen mit dem Schreiben zu tun hatte. So bemühte ich mich dann darum, dass meine Stelle in eine Teilzeitstelle umgewandelt wurde und ich die Arbeit an einer Dissertation beginnen konnte, in der ich meiner Sehnsucht nach Lernen und Schreiben nachgeben konnte. Und auch diese in vieler Hinsicht unbefriedigende Arbeitsstelle barg dann viele Möglichkeiten zum Lernen, die ich teilweise erst aus der zeitlichen Distanz richtig würdigen konnte. Übrigens ist mir auch aus dieser Arbeitsstelle eine liebe Freundin geblieben.

Es gibt noch etliche weitere »Irrwege« in meinem Leben, aber ich bin davon überzeugt, dass es letztendlich keine Irrwege gibt. Jede Lebenssituation, und sei sie noch so unbefriedigend, bietet die Möglichkeit, Erfahrungen zu sammeln, zu lernen, Menschen zu treffen, mit denen wir uns wohl fühlen. Rückblickend ist jeder vermeintliche Irrweg, den ich gegangen bin, ein Teil des bunten Lebensmusters, das mich immer mehr zu meiner eigenen Mitte führt, zu dem, was meinem Wesen entspricht. Und manchmal habe ich sogar das Gefühl, als sei da tatsächlich für mich gesorgt worden, von einem Daimon, einem Genius, einem Schutzengel, wie auch immer man diese innere Kraft benennen mag. Selbst Entscheidungen, die auf den ersten Blick wie ein Irrtum schienen, bargen den notwendigen Schritt zu einer neuen, befriedigenden Lebenssituation. Und dennoch, diese Entscheidungen wurden mir nicht abgenommen, sie wurden nicht über mich verhängt, sondern *ich* musste sie fällen, oft unter großen Zweifeln und Ängsten.

Wenn wir unserem inneren Kern im Laufe des Lebens näher kommen wollen, bleibt es uns nicht erspart, immer wieder neu über die Richtung zu entscheiden, die wir einschlagen wollen.

Sinnvolle Zufälle und Symbole der Entwicklung

Manches Mal kommt einem auch ein sinnvoller Zufall zu Hilfe, nämlich wenn sich auf der äußeren Ebene etwas ereignet, was unserem inneren Thema entspricht. So gesehen können Veränderungen in der Wirtschaft, die uns zwingen, eingefahrene Pfade zu verlassen, auch Chancen zu einer Neuorientierung sein, die wir womöglich aus einer sicheren Situation heraus nicht wagen würden.
Auch wenn dieses Buch Mut machen möchte für Veränderungen, nimmt es doch die Ängste, Krisen und Zweifel ernst, die mit diesen Veränderungen verbunden sind. Davon lesen Sie mehr in den nächsten Kapiteln. Ich habe mit vielen Menschen gesprochen, die einen oder sogar mehrere Richtungswechsel in ihrem Leben wagten, und ihre Beispiele im mittleren Teil des Buches zeigen, dass es ein Leben jenseits der Hindernisse und Ängste gibt. Im letzten Teil finden Sie Übungen und konkrete Hinweise, wie Sie Ihre Berufung entdecken und vielleicht sogar ausleben können.
Ich empfehle Ihnen, beim Lesen von Anfang an ein Notizbuch oder Tagebuch bereitzulegen, damit Sie zündende Ideen, Gedanken, Phantasien, Erinnerungen, die sich spontan entwickeln, notieren können. Diese Ideen könnten eines Tages sehr hilfreich sein auf dem Weg zu Ihrer ureigensten Berufung!

In der Nacht, bevor ich mit dem Schreiben dieses Buches anfing, träumte ich von einer Schmetterlingsraupe. Noch im Schlaf wusste ich, dass dies ein wichtiges Symbol war, kommentierte innerlich im Traum den Traum und wusste, dass ich träumte. Als ich wach wurde, war ich glücklich – mir erschien dieses Symbol als ein Geschenk für dieses Buch, das noch im Anfangsstadium (im Raupenstadium?) war. In den Tagen zuvor war ich unruhig gewesen, unsicher, wie ich beginnen sollte, spürte all die Zweifel, die jeder Schriftsteller neben der Begeisterung kennt. Und jetzt dieser Traum zu diesem Zeitpunkt! Ich fühlte mich wieder verbunden mit dem »Größeren Ganzen« und schrieb gleich morgens eine ganze Seite Stichpunkte auf. Und ich spürte wieder dieses merkwürdige Kribbeln, das ich oft von diesen merkwürdigen Zufällen kenne, die keine sind. Wie sehr ich damit Recht hatte, sollte sich später noch zeigen.

In der Raupe ist der Schmetterling angelegt, beides ist da: die Verbindung zum Boden und die Verbindung zur Luft. Das Erdendasein der Raupe (das irdische) und der Himmelsflug des Schmetterlings (das Transzendente). Was vielleicht wie eine hässliche unnütze Raupe aussieht, nämlich unser alltägliches Dasein, birgt in sich Möglichkeiten der Entwicklung.

Raupe, Puppe und Schmetterling sind Symbole der Verwandlung und auch der Auferstehung. Sie stellen verschiedene Stadien dieses Prozesses dar, und der Schmetterling ist auch ein Symbol der unsterblichen Seele. Das Wort »Psyche«, das wir für »Seele« kennen, ist im Griechischen auch das Wort für »Schmetterling«. Auf vielen Grabsteinen ist die unsterbliche Seele ebenfalls als Schmetterling dargestellt. Die Schriftstellerin Luise Rinser berichtet in ihrem Buch *Kunst des Schattenspiels*, wie sie das Grab ihres verstorbenen Sohnes besuchte, neben dem auch ihre künftige Ruhestätte sein wird. Ein Schmetterling setzte sich auf den Grabstein, und sie empfand dies als einen Gruß von der Seele ihres Sohnes.

Kurze Zeit, nachdem ich diese letzten Sätze schrieb, erzählte mir ein Bekannter von einer Begebenheit bei einer Beerdigung: Auf dem Sarg ließ sich ein Schmetterling nieder, flog von dort zur Schwester des jungen Verstorbenen und umschwirrte sie eine Zeit lang. Obwohl diese bislang keinerlei spirituelle oder tiefenpsychologische Orientierung hatte, fasste sie intuitiv den Schmetterling als Gruß von der Seele ihres Bruders auf.

Wenn wir einen Richtungswechsel vornehmen, muss symbolisch etwas »sterben«, damit wieder Raum für Neues entsteht. Und dieses Neue, das unserer Sehnsucht folgt, soll unser Wesen, unsere Seele und unseren Wunsch nach Überwindung von beengenden Grenzen ausdrücken – so wie der Schmetterling alle Begrenzungen des Raupenstadiums hinter sich lässt.
Dieses Symbol sollte mich nun in den nächsten Tagen nach meinem Traum begleiten. Es begann noch am gleichen Tag: Mein Mann erzählte mir abends, er habe im Garten eine Raupe gesehen – im Dezember! Drei Tage später sah ich in der Lokalzeitung ein Foto von einem Schmetterling, der in dieser ungewöhnlichen Jahreszeit im Nachbarort gesehen wurde. Als ich in jener Woche in meinem Bücherregal nach einem bestimmten Buch suchte, fiel mir eines von Marie-Luise von Franz in die Hände. Das Titelbild zeigte einen Schmetterling, der seiner Puppenhülle entschlüpft. So wurde also die Reihe dieser zusammengehörigen Symbole komplett: Zwischen Raupe und Schmetterling gibt es das Übergangsstadium der Puppe.
Und auf eine fast skurrile Weise begegnete mir dann kurz darauf das Wort »Raupe« noch einmal: Während der Arbeit an diesem Buch beschäftigte ich mich seit einigen Monaten wieder intensiv mit Hermann Hesse. Als ich in Tübingen studierte, wohnte ich längere Zeit neben dem Haus, in dem Hesse während seiner Tübinger Zeit lebte. Aus meinem Zimmer konnte ich direkt zu diesem Haus hinüberschauen. Im Internet fand ich nun einen Artikel, in dem Hesses Beobachtungen über seinen Weg von diesem Haus zu der Buchhandlung, in der er arbeitete, nachzulesen waren. Unter anderem war dort von den Tübinger Weinbauern die Rede, die »Gogen« oder auch »Raupen« genannt wurden.
Und schließlich prangte dann selbst auf der Hülle des Kopierpapiers, das ich kurz darauf für meinen Drucker auspackte, das Bild eines bunten Schmetterlings.

Solch eine Häufung eines Themas kann eine tiefere Bedeutung haben, wie ich in meinem Buch *Das kann doch kein Zufall sein!* ausführlich beschrieben habe. Mir scheint sie wie ein Geschenk, indem sie mir einen roten Faden gibt, ein Bild, mit dem auf einer poetischen Ebene das Thema dieses Buches aufgenommen wird: Es geht um Verwandlung, um Festsitzen auf dem Boden (Raupe), um scheinbare Irrwege und Erstarrung (Puppe), während doch Verwandlung stattfindet, und um das Aufschwingen zu neuen Höhenflügen (Schmetterling). Die Schmetterlingsraupe versucht nicht, ein Vogel zu werden – sie lässt sich mit ihrer Entwicklung Zeit, um ein möglichst vollkommener Schmetterling zu werden.

Für diese Entwicklung zu einem selbstgemäßen Leben ist bei uns Menschen oft ein Wechsel der einmal eingeschlagenen Lebensrichtung notwendig. Das klingt paradox: etwas zu ändern, um der zu werden, der man ist. Wir Menschen folgen ja selten konsequent einer Entwicklungslinie. Denn unsere instinktive Sicherheit wird im Laufe der Jahre oft überlagert durch Erziehung, äußere Umstände, Traditionen und das Bedürfnis nach materieller Sicherheit. Die dann später notwendigen Richtungswechsel sind oft mit einer tiefen Krise verbunden, sind begleitet von Depressionen, Schuldgefühlen und Ängsten, Wechselbädern der Gefühle, die einmal dies, einmal jenes für richtig erscheinen lassen. Dieses Buch soll Mut machen, Richtungswechsel als wichtiges Element eines erfüllten Lebens wahrzunehmen und die damit verbundenen Ängste und Selbstvorwürfe als normal anzusehen. Irrwege sind wichtige Lebenserfahrungen, aus denen wir lernen können. Sie bilden ein buntes Muster mit vielen Farben und Linien – und wenn wir mutig genug sind, entdecken wir in diesem Muster den roten Faden, der uns aus dem Labyrinth hinausführt.

2 Ich wär so gern woanders. Von Unzufriedenheit und Sehnsucht

Sicher kennen Sie das wunderbare Buch *Momo* von Michael Ende. Erinnern Sie sich an den Friseur Fusi, der immer gern mit seinen Kunden ein Schwätzchen hielt? An einem grauen tristen Tag war auch in seiner Seele trübes Wetter, und in dieser Stimmung schien alles in seinem Leben falsch zu sein. »Mein Leben geht dahin ..., mit Scherengeklapper und Geschwätz und Seifenschaum. Was habe ich eigentlich von meinem Dasein? Und wenn ich einmal tot bin, wird es sein, als habe es mich nie gegeben ... Mein ganzes Leben ist verfehlt ... Wer bin ich schon? Ein kleiner Friseur, das ist nun aus mir geworden. Wenn ich das richtige Leben führen könnte, dann wäre ich ein ganz anderer Mensch!«

Kommt Ihnen diese Stimmung bekannt vor? Welche Farbe würden Sie ihr geben? Ich vermute grau, dunkelgrau, sicher nicht gelb oder orange oder rot. Schon wieder Unterricht bei Schülern, denen es von Herzen egal zu sein scheint, dass Sie sich das ganze Wochenende vorbereitet haben. Lehrer, der schönste Beruf – ha! Sinnlos, man erreicht ja doch nichts bei diesen verzogenen Gören, deren einziges Interesse die SMS-Nachrichten auf ihren Handys sind. Oder im Büro schon wieder diese Teambesprechung, bei der Ihr bestgehasster Kollege, den Sie für sich nur »den Schwätzer« nennen, wieder tausend tolle Ideen präsentiert, die Sie »Geblubber« nennen. Da wird Ihnen ganz dumm im Kopf, und Sie fragen sich, ob Sie hier nicht völlig fehl am Platz sind, wo niemand Ihre Qualitäten richtig zu schätzen weiß. Schon mittags sind Sie müde, und abends reicht die Kraft gerade noch zum Fernsehen. Aber das ist auch frustrierend – da sind entweder die Nachrichten voll von der Schlechtigkeit der Welt, oder die Filme gaukeln Ihnen vor, wie schön das Leben sein könnte. Irgendwie müsste man anders leben. Irgendwie ...

So geht es auch Herrn Fusi, der nicht recht weiß, wie dieses »richtige« Leben aussehen soll. Er stellt sich »irgendetwas Bedeutendes« vor, etwas »Luxuriöses«, etwas, wie es in den Illustrierten steht. Missmutig denkt er: »Aber ... für so etwas läßt mir meine Arbeit keine Zeit. Denn für das richtige Leben muß man Zeit haben. Man muß frei sein.« (M. Ende, *Momo*, 1986, S. 65)

Alltäglich fühlen wir uns als Raupe, die am Boden kriecht, die immer die gleichen Gerüche in der Nase hat, sich immer von den gleichen Pflanzen ernährt, immer in Gefahr ist, von Vögeln gefressen zu werden. Aber die Sehnsucht eines Schmetterlings wohnt in der Raupe, die Sehnsucht nach Schönheit, nach der Sonne, die unsere Flügel wärmt – die Sehnsucht danach, uns aus allen Begrenzungen zu befreien und dorthin fliegen zu können, wo die Blumen am buntesten sind.

Die Werbung greift diese Sehnsucht raffiniert auf, indem sie uns die Möglichkeit zeigt, per mobilem Telefon und Computer auch am Strand oder auf der Blumenwiese zu arbeiten ... und schon laufen wir in die Falle. Jetzt ist nicht einmal mehr die Natur der Raum, in dem wir »wir selbst« sein können, nein, jetzt sind wir in jedem Winkel der Welt erreichbar und werden von der Arbeit eingeholt, vor der wir eigentlich fliehen wollen. So bleibt eigentlich nur noch die Zukunft als Fluchtpunkt, als Hoffnung für ein vermeintlich besseres Leben.

In dieser Spannung aber zwischen dem ungeliebten Jetzt und der ersehnten goldenen Zukunft geraten wir tatsächlich selbst immer mehr unter Spannung. Wir verstricken uns immer mehr in negative Gedanken, spinnen uns ein in einen Kokon aus Begrenzungen und sehen kaum mehr die Möglichkeiten, die vielleicht auch in unserer gegenwärtigen Situation enthalten sind. Entwicklung und Verwandlung kann in solch einem Kokon nicht stattfinden.

Langeweile und das »eigentliche« Leben

Was ist Ihre Unzufriedenheit genau? Ist es das Genervtsein von alltäglichen Dingen, sind es die banalen Querelen mit den Kollegen, sind es die Intrigen, die Ihren Aufstieg in der Firma verhindern? Sind Sie angeödet und erschöpft, sind Sie überarbeitet, fühlen Sie sich krank, haben Sie Rückenprobleme, Migräne oder gar Depressionen? Stellen Sie sich in Ihren Tagträumen vor, wie wunderbar das Leben wäre, wenn Sie im Lotto gewinnen würden? Was würden Sie denn dann am liebsten tun? Nicht mehr arbeiten? Aha. Was dann? Das Leben genießen. Hm. Wie sähe das aus? Reisen machen. Wohin? Auf die Malediven. Interessant. Wann sind Sie das letzte Mal verreist? Oooch, vor vier Jahren. Wohin? Eine Woche nach Norderney. Warum nicht länger? Na ja, irgendwann wird's ja auch langweilig, so immer am Strand.
Ist es also bei Ihnen diese Unzufriedenheit der Langeweile, in der man auf den Malediven genauso fehl am Platze wäre wie auf Norderney? Oder sind Sie wirklich auf der Suche nach einem anderen Leben, das Ihren Fähigkeiten mehr entspricht?
Die Sehnsucht nach dem ganz anderen Leben wird kräftig geschürt von Illustrierten-Berichten über Menschen, die einen Ausstieg gewagt haben und für ein paar Jahre im Ausland leben oder sogar ausgewandert sind. Auch ich habe mehrmals für längere Zeit im Ausland gelebt, im Sehnsuchtsland Kalifornien, und ich möchte diese Zeit nicht missen. Anfangs meinte ich aber tatsächlich, all die interessanten Erfahrun-

gen, die ich dort machte, wären nur weit weg von der gewohnten Umgebung möglich. Ich suchte nach etwas, was mir in meinem Leben fehlte, aber ich fand es nicht, und auch mehrere Auslandsaufenthalte konnten es mir nicht geben. Ich suchte außen etwas, was sich nur innen finden lässt ... und es dauerte etliche Jahre, bis ich begriff: Wie interessant mein Leben ist, ist letztendlich nicht abhängig von aufregenden Ereignissen, tollen Orten und einem vollen Terminkalender. Als ich vor einiger Zeit wieder einmal einen Besuch in San Francisco machte, hatte ich plötzlich Heimweh nach unserem kleinen Dorf, in dem wir heute ganz unspektakulär direkt am Acker wohnen ... da wusste ich: Ich bin angekommen. Aber hätte ich in jungen Jahren den Aufbruch ans andere Ende der Welt nicht gewagt, ich hätte immer diese Sehnsucht nach der Ferne in mir, vielleicht sogar das Gefühl, das Schicksal sei mir etwas schuldig geblieben.

Vielleicht kennen Sie dieses Gefühl, dass das Schicksal Ihnen noch etwas schuldet oder dass Ihr »eigentliches Leben« noch gar nicht begonnen hat? Dann nehmen Sie sich doch jetzt einmal fünf Minuten Zeit und schreiben Sie auf, was Ihnen fehlt (in Kapitel 9 finden Sie weitere Übungen dazu). Legen Sie Ihre Notizen dann auf die Seite und lassen Sie sie gären.

Veränderungen geschehen nun mal nicht unbedingt von heute auf morgen. Es ist nicht immer alles sofort machbar, nicht alles erreichbar – auch wenn manche Trainingsmethoden in Büchern und Seminaren dies munter suggerieren. Krisen und Verzweiflung sind oft unumgänglich, wenn wir einen neuen Weg beschreiten, wenn wir herausfinden wollen, was unserem innersten Wesen wirklich entspricht. Sie existieren und gehören dazu wie der Schatten zum Licht.

Außerdem muss es ja nicht immer um ein Entweder-Oder gehen: entweder Karriere machen oder aber ganz damit aufhören. Mir fiel dazu auf, dass in manchen Manager-Magazinen bestimmte Finanzstrategien vorgeschlagen werden, mit denen man mit 55 den Beruf an den Nagel hängen kann. Den Beruf? Wohl eher den Job. Den ungeliebten Job. Wer seine Arbeit liebt, wird sie zumindest teilweise auch im Rentenalter noch tun und nicht nur noch Golf spielen wollen. Ein Künstler, der ab dem 55. Lebensjahr nicht mehr arbeitet, ist kaum vorstellbar. Wohl aber gibt es Beispiele, dass Künstler erst im Alter anfangen, für ihre Berufung zu leben. Weder Ingrid Noll noch Rosamunde Pilcher denken daran, in Rente zu gehen, Luise Rinser ist mit 90 noch immer aktiv, und viele Schauspieler stehen mit 70 oder gar 80 Jahren noch immer auf der Bühne.

Nun können wir nicht alle Künstler sein, aber in der Begeisterung für die eigene Arbeit lässt sich von Künstlern sehr viel lernen. Ob jemand, der bis zum 55. Lebensjahr nur der Karriere und der Geldanlage nacheilte, in den vielen Jahren danach einen Lebenssinn findet, der auch durch Alter und Krankheit hindurchträgt? Ist es nicht sinnvoller, rechtzeitig die Weichen so zu stellen, dass uns auch der Alltag Freude macht und wir nicht auf die Rentenzeit warten müssen, um »bei uns« zu sein?

»Wir könnten Menschen sein.
Einst waren wir schon Kinder.
Wir sahen Schmetterlinge, wir standen
unterm silbernen Wasserfall.
Wir sahen alles.
Wir hielten die Muschel ans Ohr.
Wir hörten das Meer.
Wir hatten Zeit.«

(NACH MAX FRISCH: BIN ODER
DIE REISE NACH PEKING)

Innere Leere und Erfüllung

Niemand scheint mehr Zeit zu haben. Aber liegt das nur an der vielen Arbeit? Liegt es nicht oft auch an den Dingen, mit denen wir die innere Leere füllen?

Ist das Ihre Sehnsucht? Zeit haben? Wofür möchten Sie mehr Zeit haben? Um abends früher zu Hause zu sein und noch früher fernzusehen? Um öfter ausgehen zu können? Um öfter ins Fitness-Studio zu gehen? Um öfter in Urlaub zu fahren? Oder eher, um mit Ihren Kindern Spiele zu machen, um im Garten zu sitzen, um einen Hund halten zu können, um den Haushalt liebevoll zu führen, statt ihn als lästiges Übel in Hektik abzuhaken? Oder um zu lesen, einen Malkurs zu besuchen?

Und wie äußern sich bei Ihnen Ihre unerfüllten Sehnsüchte? Sehnsucht, Sucht, Suchen ... Wie oft haben Sie schon die Stelle gewechselt und haben immer noch das Gefühl, es sei noch nicht »das Richtige«? Wie oft sind Sie schon umgezogen und fühlen sich immer noch nicht »zu Hause«? Wie oft haben Sie schon den Partner oder die Partnerin gewechselt und »den Richtigen« oder »die Richtige« einfach noch nicht gefunden? Veränderungen an sich bringen noch nicht die innere Ausgeglichenheit. Ganz sicher kennen Sie Menschen, die »immer auf dem Sprung« sind, die immer hektisch erscheinen, mit denen man keine Verabredung treffen kann, weil sie sich nicht festlegen. Dienstag ins Kino? Ja, vielleicht, er ruft noch mal an. (Es könnte ja was Besseres kommen als die Kino-Verabredung mit Ihnen.) Ob sie in einem Monat, wenn Sie in Urlaub sind, Ihre Blumen gießen kann? Hm, schwierig zu sagen, es könnte sein, dass sie selbst wegfährt. (Vielleicht ist ja bis dahin der Traumprinz gekommen und entführt sie zu einem Traumurlaub?)

Vielleicht haben Sie es an sich selbst schon erlebt, dass Sie vor lauter Hoffnung auf etwas ganz Besonderes schließlich

am Wochenende ganz allein in der Wohnung saßen, weil Sie sich alle Optionen frei halten wollten.
Genauso geht es manchen Menschen mit ihrem Beruf. Vor lauter großen Träumen machen sie keine Ausbildung zu Ende, weil es ja doch nicht das Richtige ist, wechseln die Stelle, sobald Schwierigkeiten auftauchen, und finden sich schließlich in einer Stelle wieder, in der sie ganz unglücklich sind. Sie fühlen sich fehl am Platze und wissen immer noch nicht, wo sie sich denn wohl fühlen würden. Sie bedauern die Versäumnisse der Jugend und resignieren. Oder hoffen eben auf den Lottogewinn. Oder die Rente. Kränkeln oft, und wenn man sie fragt, wie es ihnen geht, hört man eine Reihe von Klagen.
Es kann allerdings auch sein, dass jemand tatsächlich in keinem Beruf zurechtkommt, ein Schulversager ist, ein »schwieriges Kind« war, weil eine tiefe innere Berufung schon früh mit einer Sicherheit vertreten wird, die der Umwelt nicht geheuer ist. So erging es Hermann Hesse, der als Jugendlicher von seinen Eltern in ihrer Hilflosigkeit sogar in eine psychiatrische Heilanstalt gebracht wurde. Er wusste, dass er Dichter werden wollte, sein »Daimon« ließ sich nicht unterdrücken.
Aber auch, wenn man ohne große innere Kämpfe eine »ordentliche« Ausbildung gemacht hat und schon viele Jahre im Beruf tätig war, kann sich dieses Gefühl einstellen, es sei nicht das Richtige. Oder es müsse zumindest noch ein bisschen mehr geben, über das hinaus, wie man alltäglich lebt.
Vielleicht kennen Sie aber auch einen Menschen, von dem Sie den Eindruck haben, er ruhe in sich selbst? Hat dieser Mensch einen »Traumjob«? Nein, es ist der Mann in der Werkstatt, der immer Ihr Auto für die Inspektion in Empfang nimmt? Und der ist schon zehn Jahre dort, und immer ist er freundlich, als wären Sie sein Lieblingskunde. Fragen Sie ihn doch mal nach seinem Geheimnis für Zufriedenheit!

Ankommen im eigenen Leben

Wir sollten unterscheiden zwischen allgemeiner Unzufriedenheit und tiefer Sehnsucht nach wirklicher Erfüllung. Handelt es sich um eine missmutige Grundstimmung, in der Sie an allem und jedem etwas auszusetzen haben und andere Menschen oder das Schicksal für Ihr Unglück verantwortlich machen?
Gehören Sie womöglich zu den Menschen, die man in der Tiefenpsychologie »Ewiger Jüngling« nennt? Ein Mensch, der eigentlich nicht erwachsen werden will, sich alle Möglichkeiten offen hält und deshalb nie den richtigen Beruf oder den richtigen Partner findet? Oder spüren Sie wirklich tief drinnen, dass etwas in Ihnen nach Entfaltung drängt und bislang noch nicht leben konnte? Haben Sie seinerzeit die Banklehre gemacht, weil damals Mädchen eben nicht studierten und Ihre Eltern Ihnen kein Studium finanzieren konnten oder wollten? Und jetzt mit 35 ist es zu spät, meinen Sie? Haben Sie eine Kfz-Lehre gemacht, obwohl Ihre Eltern Sie gern als Ingenieur gesehen hätten – Sie jedoch rebellierten gegen den gehobenen Lebensstil zu Hause und wollten »richtig« arbeiten? Heute bedauern Sie das, aber Sie haben jetzt selbst eine Familie und können sich keine neue Ausbildung leisten? Empfinden Sie Ihre Büroarbeit als Sackgasse und leben erst richtig auf, wenn Sie in Ihrer Laienspielgruppe auf der Bühne stehen? Aber Schauspielerin zu werden ist Ihnen als Beruf zu unsicher? Finden Sie Ihre internationalen beruflichen Reisen zunehmend lästig und würden gern mehr Zeit mit Ihrer Familie verbringen? Dann müssten Sie aber auf weiteren Aufstieg in der Firma verzichten, hätten weniger Einfluss und Ihr Gehalt wäre sehr viel niedriger ...
Wollen Sie wirklich bis zur Rente warten, um in Ihrem Leben endlich anzukommen? Oder waren Sie bisher mit Ihrem Leben und Ihrer Berufswahl »eigentlich« ganz zufrieden, spüren

aber, dass jetzt etwas in Ihnen auf Erfüllung drängt, das nicht mehr bis später, bis irgendwann warten will?
Es gibt einen chinesischen Spruch, den ich sehr schätze: »Schnitze schon in der Jugend am Stock, an dem du im Alter gehen wirst.« Wir können unser Leben nur *jetzt* leben, aber wir können jetzt schon dafür sorgen, dass wir im Alter gut leben. Und gut leben kann nicht heißen, jetzt im »uneigentlichen Leben« zu bleiben und später im Alter auf das vergangene Leben zurückzublicken mit dem Gefühl: »Mein Gott, war das alles schrecklich! Bin ich froh, dass das alles hinter mir liegt!« Gut leben wir dann, wenn wir jetzt schon ernst nehmen, dass etwas in uns nach Erfüllung strebt und dass wir das Risiko des Richtungswechsels auf uns nehmen müssen, wenn wir unseren Weg finden wollen.
Wenn wir spüren, dass der weitere Weg geradeaus in der bisher eingeschlagenen Richtung uns krank macht, hilft auch die Hoffnung auf die Rentenzeit nicht weiter. Denn es kann ja durchaus passieren, dass Sie nicht mehr lange etwas von diesem ersehnten »echten« Leben haben, wenn Sie bis dahin immer »neben sich« gelebt haben und Ihr Körper mit Krankheiten das ausdrückt, was Sie unterdrücken wollten. Wohl jeder kennt im Bekannten- oder Verwandtenkreis jemanden, der nur noch wenige Jahre lebte, nachdem er in Rente gegangen war. Wie viele Romane bleiben ungeschrieben, wie viele Bücher nicht gelesen, wie viele Bilder nicht gemalt, wie viele Reisen nicht gemacht, wie viele Besuche finden nicht statt wegen dieses einen Halbsatzes »...wenn ich erst mal in Rente bin«!
Kurz nachdem ich diesen letzten Satz schrieb, hörte ich im Radio von jungen amerikanischen Computer-Experten, die schon mit 25 Jahren aussteigen, weil sie den Stress nicht mehr ertragen. Karrierestreben einerseits und immer frühere Frührente andererseits kann keine Perspektive für ein gutes Leben sein.

Dazu fällt mir noch ein Spruch ein, der mir viel bedeutet: »Lebe jeden Tag, als ob es dein letzter wäre.« Eine sehr weise Aufforderung. Denn unser Leben ist begrenzt, und es gibt keine Garantie für ein hohes Alter. Deshalb haben wir die Verantwortung, unser Leben jetzt, jeden Tag, so zu leben, dass wir unsere Begabungen nicht vergeuden, sondern sie nutzen. Man kann aber auch Begabungen vergeuden, indem man zu viel arbeitet und seinen Lebensweg so überfrachtet, dass Fähigkeiten verkümmern.

»Non, je ne regrette rien«, singt Edith Piaf. Nicht bereuen müssen, nicht das Gute, nicht das Schlechte – aber was man selbst aus Feigheit nicht verwirklichte, bereut man später, und dem, was aus eigener Verantwortung ungelebt blieb, trauert man nach.

Vielleicht können wir nicht alles erreichen, was wir uns wünschen. Aber versuchen können wir es. Dazu müssen wir allerdings die Kritisierei an den Eltern, die einem Chancen vermasselten, hinter uns lassen. Müssen aufhören, auf die blöden Lehrer zu schimpfen, derentwegen einem die Schule keinen Spaß machte. Müssen aufhören, einen heimlichen Groll gegen die Ehefrau zu hegen, die so früh ungeplant schwanger wurde und einem die Verantwortung für die Familie einbrockte. Müssen aufhören, gegen die blöde Firma zu wettern, die einen nur ausnutzt.

Erst wenn all diese lauten negativen Stimmen verstummt sind, können wir die wirklichen Gefühle spüren. Diese sind nicht nur gespeist aus der Überzeugung, wir hätten besondere Fähigkeiten, Leidenschaft für eine Sache, Freude am Lernen, Hoffnung auf eine bessere Zukunft – wenn man uns nur ließe. Diese Gefühle können auch voller Zweifel an den eigenen Fähigkeiten sein, aus Zukunftsangst und Selbstvorwürfen bestehen, aus Trauer über eigene Fehlentscheidun-

gen oder aus Angst davor, manche Träume wirklich begraben zu müssen.
Grundlegend die Richtung ändern sollte man erst, wenn man längere Zeit in einer Situation ausgehalten und ernsthafte Versuche unternommen hat, die Situation zu verbessern. Erst dann kann man sicher sein, dass es sich nicht nur um eine Laune, eine vorübergehende schwierige Situation oder eine Anpassungsschwierigkeit handelt, die jeder Mensch in neuen Situationen haben kann. Wenn Sie aber längere Zeit (wie lange, lässt sich nicht generell sagen) durchgehalten haben und die Sehnsucht bleibt, dann ist es sinnvoll, über einen Richtungswechsel nachzudenken. Bei den Übungen in Kapitel 9 finden Sie konkrete Hinweise, mit denen Sie Ihre Situation genauer überprüfen können.

Kehren wir zurück zum Symbol des Schmetterlings: Vor einer Verwandlung muss er sich verpuppen, um in dieser Abgeschiedenheit seine alte Form der Raupe hinter sich zu lassen und in die neue Form des Schmetterlings hineinzuwachsen. Wir Menschen möchten diese Phase gern umgehen. Wir wollen zwar gern unsere Ruhe haben, aber wir möchten nicht in der Dunkelheit der Puppenhülle gefangen sein. Wir würden am liebsten gleich »aus dem Stand« ein neues Ziel erreichen, würden gern ohne Anstrengung erlöst werden.
Tatsächlich geht alles »wie geschmiert«, wenn wir erst einmal den für uns richtigen Weg eingeschlagen haben. »Wo ein Anfang gemacht ist, kommt immer das beste von selber nach«, sagt Hermann Hesse (*P. Camenzind,* S. 436). Aber diesen Anfang zu machen und die Konsequenzen zu ziehen kann eine sehr schmerzhafte Erfahrung sein. Verwandlung ist nicht zum Nulltarif zu haben, auch wenn viele moderne Motivations-Gurus dies suggerieren. »Instant Happiness« ist nur ein Strohfeuer. Hier aber geht es um Lebensentscheidungen, die lange tragen sollen. Mogeln wir uns deshalb um Krisen

nicht herum, sondern akzeptieren wir sie als wichtigen Teil unseres Weges.
Auch wenn es für Sie zunächst wenig aufbauend erscheint, in einem Buch über Lebensfreude und neue Lebenswege ein Kapitel über Krisen zu finden, möchte ich Sie einladen, das nächste Kapitel nicht zu überspringen. Schließlich möchten Sie doch ein Schmetterling werden. Eine Raupe jedoch, die vorschnell fliegen lernt, plumpst beim nächsten Sturm vom Blatt und landet wieder auf der Erde.

3 Der Winter der Verpuppung oder Die Kunst des Loslassens

Draußen stürmte es, es war ein grauer, regnerischer, sehr ungemütlicher Oktobertag. Trotzdem ging ich mit unserem Hund im Wald spazieren, ehe ich mich an den Computer setzte, und nahm bewusst die Schönheit der bunten Blätter wahr, die nicht für die Ewigkeit gemacht ist, und ich konnte trotz aller Wehmut über das Ende des Sommers den Zauber des Herbstes spüren. Der Boden war dicht bedeckt mit welken Blättern, und er war weich: Die vielen alten Blätter der letzten Jahre, die nicht weggeräumt wurden, hatten neuen Boden geschaffen. Und auch die Blätter dieses Jahres würden im nächsten Frühjahr den Nährboden für die neuen Blätter bilden, für den Aufbruch, für das helle Grün, das in die Zukunft weist. Im Winter scheint nichts zu wachsen, alles wirkt wie tot, aber es ist nur eine Ruhephase in der Natur, die Platz schafft für das Neue im Frühjahr.

Ich finde es hilfreich, sich an die so selbstverständlich scheinenden Rhythmen der Natur zu erinnern, damit wir uns nicht mit hohen Erwartungen an das Leben und an unsere eigenen Fähigkeiten überfordern. Denn die meisten von uns wünschen sich eigentlich immer nur Frühling und Sommer, selten aber wollen wir den Herbst und den Winter in der Seele akzeptieren. Dabei übersehen wir, dass die dunklen Phasen notwendige Ruhe- und Reifephasen sind, in denen Altes losgelassen wird, sich neue Kraft sammelt und im Verborgenen Entwicklung hin zu dem stattfindet, in dem wir uns endlich heimisch fühlen.

Hermann Hesse hat diesen Prozess in seinem Gedicht *Welkes Blatt* sehr tröstlich geschildert:

Jede Blüte will zur Frucht,
Jeder Morgen Abend werden,
Ewiges ist nicht auf Erden
Als der Wandel, als die Flucht.

Auch der schönste Sommer will
Einmal Herbst und Welke spüren.
Halte, Blatt, geduldig still,
Wenn der Wind Dich will entführen.

Spiel Dein Spiel und wehr Dich nicht,
Laß es still geschehen.
Laß vom Winde, der Dich bricht,
Dich nach Hause wehen.

Vielleicht sind Sie gerade in einer Phase Ihres Lebens, in der Sie sich eher im Herbst als im Frühling fühlen. Sie spüren, dass etwas Altes zu Ende geht. Sie wollen etwas verändern. Aber es ist noch nichts Neues in Sicht. Sie sehen nichts Buntes, sondern eher alles grau in grau. Sie wären gern schon im Frühjahr, sind ungeduldig, möchten den Herbst und den Winter am liebsten überspringen. Trotz einiger Anläufe ist es Ihnen bisher nicht gelungen, Ihrem Leben eine neue Richtung zu geben. Und jetzt sind Sie frustriert oder machen sich gar Vorwürfe, dass Sie es immer noch nicht geschafft haben. Sie sitzen weiterhin in der Firma, die Sie längst verlassen wollten, leben immer noch mit dem Partner, der Ihnen ein Irrtum zu sein scheint, möchten »ganz anders« leben, haben aber keine Vorstellung, wie das konkret aussehen könnte. Oder Sie hegen einen großen Traum darüber, was Sie mit Ihrem Leben anfangen möchten, haben aber auch große Angst vor den Folgen, wenn der erste Schritt einmal getan ist. Oder Sie sind durch Veränderungen in Ihren Arbeitsbedingungen gezwungen, sich Alternativen zu überlegen, dabei in Panik gefangen und können bisher nur die Einschränkungen, nicht aber die Chancen dieser Situation erkennen.

Unzufriedenheit ist der erste Schritt zur Veränderung

Bevor wir wissen, was wir wirklich anders wollen, und bevor wir wirklich eine Entscheidung fällen können, durchlaufen wir meist eine Krise. Viele Gefühle und Gedanken stürmen auf uns ein: Verwirrung, Hoffnung, Begeisterung, Ärger, Selbstvorwürfe, Angst. Die Unzufriedenheit, von der im vorigen Kapitel die Rede war, ist nur der Beginn des Veränderungsprozesses, nur der erste Schritt auf dem Weg. Zunächst einmal zeigt sie sich als unangenehmes Gefühl. Aber sie ist ein Motor für Veränderung. Nur wer mit seiner Situation unzufrieden ist, kommt auf die Idee, etwas anders machen zu wollen, und deshalb ist Unzufriedenheit sogar der Beginn mancher technischer oder kultureller Veränderungen gewesen. Zentralheizungen beispielsweise entstammen der Unzufriedenheit mit ungleichmäßig geheizten Zimmern und verrußten Wohnungen, der Elektroherd der Unzufriedenheit mit überhitzten Küchen im Sommer, der Kühlschrank der Unzufriedenheit über verdorbene Lebensmittel.

Auch wenn Sie zurückdenken an frühere Lebensentscheidungen, die Sie in Ihrer Entwicklung einen Schritt weiterbrachten, fällt Ihnen vielleicht auf: Das Gefühl »So geht es nicht weiter – es muss bessere Möglichkeiten geben« war der Beginn der Veränderung. Menschen, die kritiklos alles gut finden, sehen keinen Bedarf für Entwicklung, weder bei sich selbst noch in Alltagsdingen.

Unzufriedenheit ist also an sich noch nicht negativ – im Gegenteil, sie kann auch als Geschenk unserer Seele betrachtet werden, mit der sie uns aufrüttelt, den nächsten Schritt in unserer Entwicklung zu tun. Aber vor diesem nächsten Schritt entsteht eben oft ein inneres Durcheinander, in dem wir weder das Alte loslassen noch das Neue in Angriff nehmen können – überall ist ein »Aber«. Thomas Brasch hat das sehr anschaulich formuliert:

Was ich habe, will ich nicht verlieren, aber
Wo ich bin, will ich nicht bleiben, aber
Die ich liebe, will ich nicht verlassen, aber
Die ich kenne, will ich nicht mehr sehen, aber
Wo ich lebe, da will ich nicht sterben, aber
Wo ich sterbe, da will ich nicht hin:
Bleiben will ich, wo ich nie gewesen bin.

Wir sind unzufrieden und unglücklich, wenn wir uns nicht zugehörig fühlen, wenn wir uns als getrennt empfinden von den Menschen um uns herum, von der Arbeit, die wir tun. Wir sind uns selbst fremd, wenn das Leben an uns vorbeizugehen scheint, wenn wir nicht mehr in unserer alten Lebenssituation heimisch sind und im Neuen noch nicht angekommen. Wir sind nicht mehr heimisch, aber stecken immer noch fest, können noch nicht loslassen und können noch nicht weitergehen. Wir leiden unter der Situation, und wenn wir das Leiden nicht richtig zu deuten wissen, bleiben wir in dieser Situation stecken und blockieren über lange Zeit unsere schöpferische Energie.

Der in Kapitel 1 erwähnte Psychotherapeut Milton Erickson, der selbst gelähmt war und im Rollstuhl saß, sah sogar das Leiden als Hilfe für die Befreiung an: »Leiden ... zwingt uns, in einem besonderen Sinn lebendig zu werden – sorgfältig zu schauen, tief zu empfinden, mit uns selber und mit der Welt auf eine Weise in Berührung zu kommen, die wir bisher vermieden haben. Man sagt, und ich glaube zu Recht, Leiden sei

die erste Gnade. In bestimmtem Sinn ist Leiden fast eine Zeit der Freude, denn es ist ein Zeichen für den Beginn schöpferischer Einsicht.« (S. 28)
Diesen Sinn kann Leiden aber nur bekommen, wenn wir uns nicht daran festklammern und uns zu Märtyrern hochstilisieren. Wenn wir das schaffen, kann Leiden uns sogar helfen, alle Beschwichtigungen, Ablenkungen und Kompensationen aufzugeben, mit denen wir uns bislang vor Veränderung gedrückt oder sogar in unserem Elend häuslich eingerichtet haben. Wenn wir Leiden als Anstoß für Veränderung verstehen, können wir endlich aufhören, gegen Windmühlenflügel zu kämpfen, und nehmen stattdessen die Hindernisse, die uns das Leben schwer gemacht haben, ernst. Dann können frustrierende Fehlschläge, immer wiederkehrende Probleme mit Kollegen oder Partnern, nicht gelingende Projekte usw. uns etwas Wichtiges lehren: Was trotz aller Bemühungen nicht funktioniert, war wohl nicht das Richtige. Statt endlos weiterzukämpfen, sollten wir uns also ernsthaft fragen, was das Nicht-Gelingen bedeutet.

Erlösung und Scheitern

Wenn wir lange vergeblich gekämpft oder lange versucht haben, notwendige Entscheidungen zu meiden, kann es im Extremfall sogar geschehen, dass negative Ereignisse uns massiv darauf aufmerksam machen: So geht es nicht weiter. Dann können Unfälle passieren, man bricht sich das Bein, es kann einen oder mehrere Wasserrohrbrüche geben, Dinge zerbrechen, sodass es einem »wie verhext« vorkommt. Von dieser »negativen Synchronizität« habe ich in meinem Buch *Das kann doch kein Zufall sein!* ausführlicher berichtet. Wenn Ihnen also häufiger etwas daneben geht, lohnt es sich, selbst-

kritisch nach den Botschaften solcher Erlebnisse zu suchen. Das Gleiche gilt, wenn Sie häufiger krank sind, immer wieder erkältet, immer wieder von irgendwelchen Wehwehchen geplagt – oder wenn Sie sogar ernsthaft krank werden. Vielleicht steckt darin ein Hinweis, wie dringend eine Veränderung, ein Richtungswechsel angezeigt ist. So verstanden kann Leiden dann ein Wegweiser für den nächsten Entwicklungsschritt auf dem Weg sein, der wirklich zu einem passt.
Aber selbst wenn wir diesen Wegweiser ernst nehmen, liegt noch ein langer Weg vor uns. In Märchen und Mythen gibt es die Heldensagen und Pilgerfahrten, in denen zunächst gefährliche Abenteuer bestanden werden müssen, ehe die Erlösung erfolgt. Und vor der Erlösung, vor dem Gelingen, steht auch immer die Möglichkeit des Scheiterns. Im Märchen müssen ebenfalls immer wieder neu Entscheidungen gefällt und unbekannte Wege gegangen werden, es sind in Höhlen lauernde Ungeheuer zu besiegen – und mit ihnen die eigene Angst.
Von Angst überwältigt werden wir, wenn eine Situation uns unüberschaubar erscheint, viel zu komplex, um noch lösbar zu sein, wir aber durch innere Prozesse oder äußere Ereignisse vor der Notwendigkeit stehen, eine Entscheidung fällen zu müssen. »Notwendig« heißt: Wir können uns nicht mehr in Ausflüchte retten, können nicht länger warten, die Zeit drängt. »Notwendig« kann jedoch, wenn wir uns der Aufgabe stellen, auch in einem wörtlichen Sinn heißen: »Not wendend«, eine erlösende Wende herbeiführend, der Not ein Ende setzend, zu etwas Neuem befreiend.
Diese Befreiung *zum Neuen* ist aber erst möglich, wenn wir uns *vom Alten* befreien. Dazwischen liegt das Niemandsland von großer Einsamkeit und Angst.

Hilfen durch das Niemandsland

Manchmal trauere ich den Zeiten nach, in denen es noch selbstverständliche, allgemein anerkannte Rituale gab, die einem in dieser Einsamkeit Halt boten. In meiner Kindheit und Jugend beispielsweise war es völlig normal, zu beten und Gott um Klarheit zu bitten, wenn man in einer Situation feststeckte oder wichtige Entscheidungen zu fällen hatte. Wenn es ganz besonders schwierig war, ging man nicht nur sonntags in den Gottesdienst, sondern auch während der Woche. Ich erinnere mich gut, wie ich manches Mal einfach durch die vertrauten Rituale des Gottesdienstes innerlich ruhiger wurde. Morgen- und Abendgebet waren nicht etwas, das man heimlich und verschämt privat vornahm, sondern sie gehörten zu einem selbstverständlichen familiären Ritual.

Natürlich waren dadurch nicht alle Probleme gelöst, und es geht hier nicht darum, die angeblich guten alten Zeiten nostalgisch zu verklären. Doch ich habe den Eindruck, dass heute viele Menschen damit überfordert sind, das »Niemandsland«, die Zeit der Verpuppung, allein und ohne die Stützen von tröstlichen Ritualen durchzustehen. Immerhin gibt es noch einige weltliche Rituale, die zumindest Teilaspekte von Übergängen markieren, beispielsweise Entlassungsfeiern am Schulende. Veränderungen in späteren Lebensphasen aber beginnen meist »hinter den Kulissen«, werden lange vor den Kollegen und oft auch vor den nächsten Angehörigen verheimlicht, ehe sie »spruchreif« sind, ehe sie ausgesprochen werden können. Die Einsamkeit bis dahin ist schwer zu ertragen, und es kann hilfreich sein, sich für diese verwirrende Phase Unterstützung von außen zu holen.

Übergangszeiten sind Auflösungszeiten, und mit wichtigen Veränderungen sind ja auch Auflösungserscheinungen der eigenen vertrauten Person verbunden. Die Raupe, die zur Puppe wird, wird sich selbst fremd – sie ist nicht mehr Raupe und noch nicht Schmetterling, sie verbirgt sich in der Puppe und ist für andere nur in ihrer äußeren Hülle, nicht aber in ihrem Wesen erkennbar. In ähnlicher Weise werden wir uns selbst fremd, wenn wir erste Schritte in Richtung Veränderung unternehmen, und auch darin liegt ein Grund für die Angst, die einen überwältigen kann: Die vertrauten Stützpunkte wanken, die eigene Identität ist nicht mehr eindeutig, wir können uns anderen nicht mehr so klar definiert präsentieren wie früher.

Wie bezeichnet sich die Lehrerin, die auf dem Weg zur Künstlerin ist, die gerade die Schule verlassen hat, aber noch keine einzige Ausstellung hatte? Was sagen Sie Ihrem neuen Bekannten über Ihren Beruf, wenn Sie noch halbtags als Unternehmensberater arbeiten, aber abends schon manchmal Auftritte als Kabarettist haben und am liebsten Ihren Job kündigen möchten? Diese scheinbaren Äußerlichkeiten stellen nur die Oberfläche der tiefer liegenden Identitätsprobleme dar, die mit jedem Richtungswechsel verbunden sind. Haben wir den Ehrgeiz, um jeden Preis alles mit uns allein auszumachen, werden wir versuchen, diese unangenehmen Gefühle zu vermeiden und diese Phase möglichst schnell hinter uns zu lassen. Dies kann dann zu hektischen Entscheidungen führen, bei denen wir voreilig das Alte hinter uns lassen, ohne die Alternativen wirklich auf ihre Tragfähigkeit hin geprüft zu haben. Wenn die Flügel noch nicht gehärtet und die Flugziele noch unklar sind, nützt es einem nichts, möglichst schnell die enge Hülle der Puppe zu verlassen, die ja auch ein Schutz ist.

Wenn wir ohne Unterstützung allein mit unserer Angst bleiben, kommen wir andererseits auch leicht in Versuchung, in die alte Situation zurückzukehren, in der wir uns wenigstens auskennen. Mein ironischer Spruch dazu lautet: »Es ist zwar ein Misthaufen, aber *den* Geruch kenne ich wenigstens.« In beiden Fällen ist eine Entwicklungschance vertan, aber der

Rückfall in das Alte bedeutet nicht einfach eine Fortsetzung des Gewohnten. In der alten Situation zu bleiben trägt nun den bitteren Beigeschmack des Versagens, der Trauer über verpasste Chancen, der Hoffnungslosigkeit, jemals etwas ändern zu können. Die Schmetterlings-Puppe, die sich aus Angst vorm Fliegen und der unbekannten Welt da draußen entscheidet, doch lieber eine Raupe zu bleiben, kann nicht wirklich zurück zu einem früheren Entwicklungsstadium. Sie bleibt stecken, aber in ihr schwelt die Sehnsucht weiter. Die Vertrautheit des Raupen-Daseins auf dem sicheren Boden ist vorbei, der freie Flug und die bunten Farben des Schmetterlings-Daseins sind wieder unerreichbar geworden, die eigenen Möglichkeiten verkümmern.
Deshalb ist es wichtig, sich in Ermangelung von hilfreichen, sinnstiftenden Ritualen einen Vertrauten zu suchen, der die eigene Verwirrung erträgt und nicht zu voreiligen Lösungen oder Beschwichtigungen rät. Enge Angehörige sind für diese Aufgabe nicht geeignet. Denn sie sind mitbetroffen von den Veränderungen und reagieren womöglich selbst mit Angst, wenn sie den vertrauten Menschen nicht wiedererkennen oder wenn dessen Entscheidungen für sie selbst unter Umständen existenzielle Folgen haben. Das heißt nun nicht, dass solche Hilfe hinter dem Rücken der Familie oder des Partners geschehen soll. Wenn Sie einen verantwortungsbewussten Coach oder Therapeuten hinzuziehen, wird dieser auch berücksichtigen, dass andere Menschen von Ihren Entscheidungen mitbetroffen sein können. Es kann bei dem »Weg zu sich selbst« nicht um Selbstverwirklichung auf Kosten anderer gehen.
Es muss aber nicht unbedingt ein professioneller Helfer sein, der Ihnen durch die dunkle Zeit hindurchhilft. Ebenso hilfreich ist es oft, eine Freundin oder einen Freund zu bitten, Ihnen beizustehen und einfach ein offenes Ohr zu haben. Seien Sie ehrlich und versuchen Sie, mit ihr oder ihm eine Art

Abmachung zu treffen, in der Sie ihn oder sie nicht überfordern. Vereinbaren Sie lieber eine Stunde in der Woche einen Termin, an dem Sie über Ihr Anliegen sprechen können, statt bei jedem Treffen Probleme zu wälzen. Auch die liebevollste Freundin ist nicht begeistert, wenn sie täglich angerufen und als Mülleimer missbraucht wird.

Bevor Sie sich nun selbst auf den Weg machen, lassen Sie sich anregen von den Erfahrungen anderer Menschen, die einmal in der gleichen Situation waren, wie die, in der Sie vielleicht gerade jetzt sind.

Wege des Gelingens. Beispiele, die Mut machen

In diesem Teil stelle ich Ihnen Menschen vor, die es gewagt haben, ihrem Leben eine andere Richtung zu geben, um sich treu bleiben zu können und ihren Begabungen gegenüber Verantwortung zu übernehmen. Die Gespräche mit ihnen und deren Aufzeichnung haben mir sehr viel Freude gemacht, und ich fühle mich selbst sehr reich dadurch beschenkt.

Einige meiner Gesprächspartner haben schon mehrere größere Veränderungen in ihrem Leben vorgenommen oder stehen sogar wieder kurz vor einer solchen. Ihre Entwicklung ist weitergegangen, und allmählich drängt ein anderes Thema in ihrem Lebensprozess, das schon länger im Hintergrund schlummerte, in den Mittelpunkt. Wir können ja nicht immer alle Begabungen gleichzeitig leben, und in verschiedenen Lebensphasen stehen verschiedene Aufgaben im Entwicklungsprozess an. So können wir manche Interessen und Leidenschaften nur nacheinander ausleben. Erneut zu einer Veränderung aufbrechen muss also kein Zeichen von »unstetem Lebenswandel« sein, sondern kann bedeuten, das Geschenk des Lebens in seiner ganzen Fülle anzunehmen.

Alle diese Lebensgeschichten machen Mut, weil sie nicht irgendwelche unerreichbaren Super-Karrieren schildern oder Hollywood-Glamour ausstrahlen, sondern zeigen, wie ganz normale Menschen mit eigener Kraft neue Wege fanden, manchmal durch tiefe Krisen hindurch und erst nach langer Übergangszeit. Die persönliche Entwicklung spiegelt sich natürlich auch in der beruflichen Tätigkeit wider, und so ist ein breites Spektrum an »Grund-Berufen« vertreten: die Krankenschwester, der Lehrer, das Kindermädchen, der Ingenieur, die Biologin, der Optiker, die Betriebswirtin, der Theologe, die Verwaltungsbeamtin, der Physiker und andere. Die neuen Lebensweisen und Berufe spielen sich in Büros ab oder auf der Bühne, im Umgang mit Kunden und Patienten, mit Pinsel oder Computer, lehrend oder schreibend, viel auf Reisen oder zu Hause arbeitend. Manche der neuen Berufe haben die Betreffenden erst für sich selbst erschaffen.

In einigen Gesprächen fiel mir auf, dass zwar die Krisen erwähnt wurden, dass sie aber in der Gesamteinschätzung nicht mehr viel Raum einnahmen. Wenn Menschen den Schritt in das Leben gewagt haben, das wirklich zu ihnen passt, oder sich in einer Lebensphase befinden, die jetzt in ihrer Entwicklung ansteht, scheinen Unzufriedenheit, Verzweiflung oder Ängste manches Mal nur noch eine Episode in der Vergangenheit gewesen zu sein. Eine tröstliche Tatsache, die Ihnen vielleicht helfen mag, wenn Sie sich gerade in einer schwierigen Lebenssituation befinden, in der Sie noch keine Zukunft sehen.

Das Zeitgefühl ist ja verschieden, je nachdem, in welcher Phase man sich befindet. Ist man noch mitten in der Krise, noch mitten im Übergang, scheint die Zeit sich endlos zu dehnen, und man kann sich nicht vorstellen, dass es je anders sein wird als schwierig. Im Stadium der Verpuppung ist man so sehr mit sich selbst beschäftigt, dass es kein »Später« zu geben scheint. Ist aber der Schritt vollzogen, vergeht die Zeit »wie im Fluge« – der Schmetterling hat keine Zeit zum Grübeln, er will all die interessanten Blumen entdecken, die es da draußen gibt. Ist man im Neuen angekommen, hat man keine Zeit, sich dauernd mit sich selbst zu beschäftigen, man »vergisst sich selbst«, wenn man hingebungsvoll an einer neuen Aufgabe arbeitet, die einen erfüllt. Und gerade dann ist man am meisten »bei sich selbst«!

Alle Menschen, mit denen ich für dieses Buch sprach, haben sehr viel Energie mobilisiert, um ihre Ziele zu erreichen. Aber ein Ziel zu haben, das aus tiefster Seele kommt, gab ihnen oft auch die Energie, um die größten Anstrengungen durchzustehen.

Ich habe die verschiedenen Lebensgeschichten nach vier Schwerpunkten geordnet: *Kunst, geänderter Rahmen, Selbstständigkeit* und *Spiritualität*. Oft berührt eine Lebensgeschichte mehrere dieser Bereiche, denn Menschen, die sich entwickeln, sind äußerst vielseitig! Bis auf wenige Ausnahmen wurden aus Gründen der Anonymität die Namen und einige nähere Umstände der Beteiligten geändert.

4 Wen die Muse küsst: Die Leidenschaft für Kunst

Bei meiner Suche nach Menschen, die einen Richtungswechsel in ihrem Leben vorgenommen haben, bekam ich erstaunlich viele Hinweise auf Künstler, die in ihrem »vorigen Leben« eine völlig andere Tätigkeit ausübten. Besonders auffällig ist in den folgenden Beispielen, dass ausgerechnet mehrere Männer, die in ihren früheren Berufen einer technisch oder naturwissenschaftlich ausgerichteten Tätigkeit nachgingen, schließlich ihrem Drang nach künstlerischem Ausdruck folgten und systematisch eine neue Karriere aufbauten. Auch eine Frau, deren Geschichte ich erzähle, arbeitet seit langem in einem verwaltungstechnischen Bereich.

Übrigens hatte ich erwartet, für den Bereich Kunst eher Frauen als Männer zu finden. Aber es ergab sich anders, und ich finde es sehr spannend, dass keine dieser Geschichten ein »Selbstverwirklichungstrip« ist, den man leicht in eine frauenspezifische (und damit für viele nicht ernst zu nehmende) Ecke abschieben könnte. Die berühmt-berüchtigte »töpfernde Hausfrau« kommt hier nicht vor.

Im Folgenden finden Sie die Lebensgeschichte eines Komikers, der mit einem eigenen Programm auftritt; die eines Schriftstellers, der unter den eingeschränkten Lebensbedingungen in der ehemaligen DDR die Freiheit suchte; die Geschichte einer Sängerin, die sich noch mitten im Übergang befindet; und die eines deutschen Malers, der in Brasilien lebt.

Victor B.: Der Physiker auf Bühnenbrettern

Victor B. hat sogar mehrere Karrieren aufzuweisen: Vom Physiker wurde er zum Werbe-Fachmann und dann zum erfolgreichen Komiker, wobei die Übergänge fließend waren.
Zum Zeitpunkt unseres Gesprächs ist er 32 Jahre alt. Mir fällt auf, wie unkompliziert es ist, ihn zu erreichen, obwohl er einen vollen Terminkalender hat und viel auf Reisen ist. Er ruft immer innerhalb kurzer Zeit zurück, und unser Gespräch verläuft sehr strukturiert. Der Mann hinter dem chaotischen Typen, den er auf der Bühne darstellt, ist alles andere als ein Chaot.
Er wuchs auf in einem kleinen Ort in Süddeutschland, als Einzelkind »in kleinen Verhältnissen«. Sein Vater war Handwerker, seine Mutter Schneiderin. Aus dieser Umgebung stammt sicherlich sein genauer, liebevoll-ironischer Blick auf die banalen Dinge des Alltags, die er in seinen Bühnenprogrammen bis ins absurde Detail ausmalt. Als Kind wollte er auf jeden Fall »etwas Besonderes« werden, und seine Eltern wollten, dass er es einmal besser haben sollte als sie selbst. Sie schienen immer zu wissen, was gut für ihn sei, aber er war ihnen gegenüber rebellisch und suchte heftige Diskussionen. Dennoch schien sein Leben durchaus in Bahnen zu verlaufen, die man »ordentlich« nennt.
Andererseits aber fand er sogar »ordentliche« Wege, um ohne zu viel Reibungsverluste der Enge des kleinen Ortes zu entfliehen. Er besuchte das Gymnasium, war ein sehr guter Schüler. In seiner Phantasiewelt dachte er sich viele Geschichten aus, aber seine Aufsätze in der Schule bekamen nur mittelmäßige Noten, weil sie »zu verkopft« waren, wie er heute meint. In seinen Phantasien war er ein großer Forscher, berühmt und angesehen, und seine Meinung wurde ernst genommen, man hörte dem zu, was er zu sagen hatte und respektierte ihn als Person.

In der Realität fühlte er sich manches Mal unsicher, konnte dies aber überspielen, indem er den Sport als Mittel zur Selbstdarstellung entdeckte. Seine Volleyball-Mannschaft war so erfolgreich, dass sie schließlich in der 2. Bundesliga spielte. So kam Victor im ganzen Land herum. In den Spielpausen unterhielt er seine Sportkameraden mit selbst erdachten komischen Geschichten. Viele fragten ihn daraufhin, ob er »so was« auch auf der Bühne mache. Ein Freund riet ihm sogar, er solle doch eine eigene Theatergruppe gründen und Kabarett machen.

Bis dahin gab es aber noch einige Umwege. In der Schule fielen ihm besonders Mathematik und Physik leicht. So war es für ihn nahe liegend, Physik zu studieren.

Heute sagt er selbstironisch: »Physik studiert schließlich auch nicht jeder, und ich wollte wohl immer schon was Besonderes sein. Und Physik ist was Solides, aber auch ziemlich exotisch.« Ihm gefielen die klaren Strukturen dieser Wissenschaft, die komplexe Beschreibung der Welt, die übergeordneten Theorien. Ein genaues Berufsziel verband er mit dem Studium zunächst nicht, hatte aber die vage Vorstellung, später in der Forschung zu arbeiten. Das Studium zog er völlig problemlos durch. Die Träume von Anerkennung blieben im Hintergrund.

Während der Diplomarbeit musste er monatelang täglich im Labor Experimente durchführen, die immer tiefer ins Detail gingen. Er realisierte, dass er dabei sein eigentliches Interesse, größere Zusammenhänge zu verstehen, nicht mehr verfolgen konnte. Er schloss zwar das Studium erfolgreich ab, aber ihm war klar, dass er nicht »im Labor versauern« wolle. Seine Unzufriedenheit steigerte sich dadurch, dass er nicht wusste, was er stattdessen beruflich machen wollte. Er sprach mit Freunden darüber, suchte nach Alternativen und fand schließlich einige Monate nach dem Diplom eine Stelle als Praktikant in einer Werbeagentur. Auf meine erstaunte

Nachfrage hin, erzählte er mir, dass Physiker da gerne genommen würden, weil sie analytisch denken können. Und gute Werbung sei ja schließlich auch die Reduktion auf das Wesentliche.

Noch während dieses Praktikums erhielt er ein Angebot von einer anderen Agentur, das er annahm. Dort wurde er speziell im Bereich Marktforschung und Statistik eingesetzt. Aus der Analyse von Kundendaten entwickelte er Empfehlungen für das Unternehmen. Aber schon nach wenigen Monaten fühlte er sich ähnlich unglücklich wie im Labor. Er berichtete mir klar gegliedert Einzelheiten seiner Unzufriedenheit: Erstens saß er wieder stundenlang einsam vor dem Computer und musste Detailarbeit leisten, die ihn nach einiger Zeit langweilte und unterforderte. Zweitens fühlte er sich in der starren Unternehmensstruktur mit festen Arbeitszeiten wie ein Gefangener. Drittens habe er da gemerkt, dass er ein Problem mit Hierarchien habe. Anweisungen von jemandem ausführen zu müssen, auch wenn er anderer Meinung war, sei für ihn furchtbar gewesen. Er möchte selbst Ideen umsetzen und sagt: »Ich habe wahnsinnig darunter gelitten, dass das dort nicht ging.« Für ihn spitzte sich diese Situation mit Ende Zwanzig so zu, dass er nur noch die Alternative sah, endlich seine früheren Träume ernst zu nehmen und an einer Bühnenkarriere zu arbeiten.

»Und dann ging alles rasend schnell: Nach zwei Tagen war mir klar, das mach ich jetzt.« Er kündigte seine Stelle und war drei Monate arbeitslos, nutzte aber diese Zeit, um systematisch die neue Karriere aufzubauen. Zum einen suchte er gezielt nach einer Halbtagsstelle, die ihm den Lebensunterhalt sichern würde, während er seinen künstlerischen Ambitionen nachging. Zum anderen nahm er Schauspielunterricht. Dort wurde ihm relativ schnell die Richtung klar, in die er gehen wollte: Solist im Bereich »Comedy«. Seine Strategie zielte darauf ab, innerhalb von drei Jahren von seiner neuen Arbeit leben zu können. Über eine Anzeige fand er eine Halbtagsstelle in einer Werbeagentur und arbeitete in der restlichen Zeit an Programmen für Auftritte. Anfangs machte er alles selbst, später nahm er einen Regisseur, mit dem er die einzelnen Nummern ausfeilte. Zunächst organisierte er auch Auftritte an kleinen Bühnen selbst und knüpfte immer wieder neue Kontakte. Mittlerweile ist er in einer Künstleragentur unter Vertrag, die ihm Engagements vermittelt und ihn künstlerisch betreut.

Drei Jahre lang war sein Alltag aufgeteilt in: morgens Arbeit zu Hause an neuen Ideen, nachmittags Job, abends manchmal mehrmals in der Woche Auftritte. Von der Freiheit des Künstlerdaseins war nicht viel zu merken. Dennoch hatte er keine Zweifel an seiner Entscheidung: »Auf die Bühne geht man ja nicht, weil man den Wunsch hat, sondern weil man es machen MUSS. Es ist ein innerer Drang, dem man sich nicht verschließen kann.«

Zukunftsängste plagten ihn nie, weil er eine klare Strategie entworfen hatte, die seinen Lebensunterhalt absicherte. Er hatte eher Panik, wenn er sich vorstellte, die nächsten dreißig Jahre in einer Unternehmensberatung oder in einem Labor zu arbeiten. Seine Eltern waren von seinen Plänen nicht begeistert, aber sie intervenierten nicht, zumal er finanziell unabhängig von ihnen war. Das war ihm sehr wichtig: Die Verwirklichung seiner Träume sollte nicht auf ihre Kosten gehen. Und da er sich ja ein Zeitlimit von drei Jahren gegeben hatte, würde er sich neue Alternativen überlegen, falls innerhalb dieser Zeit der Erfolg nicht erreichbar war. Mit brotloser Kunst wollte er sich nicht zufrieden geben. Und tatsächlich, er wurde immer häufiger engagiert, bekam die ersten Fernsehauftritte und ist jetzt an dem Punkt, wo er von seinen Auftritten leben kann. Mittlerweile hat er seine Halbtagsstelle gekündigt, um ganz für seine Comedy-Programme zu leben. Nach den vielen Jahren, in denen sein Leben in mehrere Bereiche aufgesplittert war, sehnt er sich danach, sich voll einer einzigen Sache widmen zu können.

Was reizt ihn denn so an Comedy? Er findet so vieles an unserem Leben lächerlich, eitel und überbewertet. In seiner Bühnenfigur stellt er den völlig naiven »Verlierer-Typen« dar. In dieser Rolle kann er wie der klassische Hofnarr auf Dinge zeigen, die ihm auffallen, kann sie entlarven in der Hoffnung, gerade in der komischen Darstellung mehr bewirken zu können und ernst genommen zu werden als mit moralischem Zeigefinger. Gelegentlich befürchtet er, in Zukunft als frei schwebender Künstler am normalen Leben vorbeizuleben, aber dann braucht er nur in die Fußgängerzone zu gehen und hat schon wieder tausend Ideen für eine neue Nummer.

Als er noch in der Umbruchphase war, sagte seine Freundin zu ihm: »Du kannst dir zwar eine andere Stelle suchen, aber es wird sich nichts ändern. Was du einfach am besten kannst, ist, durchgeknallte Geschichten zu erzählen.«

Ich war sehr beeindruckt davon, wie Victor B. mit einer nüchternen, marktorientierten Strategie es schaffte, seinen künstlerischen Traum zu verwirklichen. Ich frage ihn, ob sein Entschluss aus heutiger Sicht richtig war. »Ja, unbedingt«, antwortet er. Insbesondere habe sich seine Herangehensweise bewährt, »strukturiert, diszipliniert und zügig« die neue Karriere zu planen und umzusetzen. Das Einzige, was er in seinem Leben anders machen würde: »Ich würde früher versuchen, meine kreative Ader auszubilden.« Sein Rat für andere Menschen, die einen Richtungswechsel überlegen: *»Höre in erster Linie auf dich selbst und suche dir deine Ratgeber ganz genau aus. Höre nie auf zu reflektieren! Leiden ist zwar einfacher als Handeln, macht aber überhaupt keinen Spaß!«*

Christoph Kuhn: Der Schriftsteller, der schon früher für klare Sicht sorgte

Christoph Kuhn – dies ist sein richtiger Name – wuchs in der DDR auf, und das führte auf seinem Lebensweg zu Umwegen, die ihm viel Kraft abverlangten. Sein Vater führte ein Optikergeschäft und war gleichzeitig in seinem zweiten Beruf Schriftsteller und Dramatiker, dessen Stücke auch heute noch aufgeführt werden. Er ist jetzt Mitte achtzig und schreibt bis heute. Die Mutter ist gelernte Buchbinderin. Christoph hat zwei Brüder, und die Großeltern lebten im gleichen Haus. Die Familie ist evangelisch, und das prägte in der DDR die häusliche Atmosphäre in einer Weise, die nicht systemkonform war.

Als Kind malte Christoph gern Hexen oder Menschen mit ihrem Innenleben wie in einem medizinischen Lexikon, bastelte oder tobte draußen herum, war in Bewegung und konnte sich auch allein gut beschäftigen. All das sind Fähigkeiten, die ein Schriftsteller braucht: hinter die Oberfläche schauen, Beschäftigung mit Themen und Gestalten, die über das Sichtbare hinausgehen, allein sein können, aber sich auch in das Leben draußen hineinzubewegen. Er kann sich erinnern, dass er als Kind Schauspieler oder Rundfunktechniker werden wollte. Aber auch Bücher faszinierten ihn schon sehr früh. Deshalb malte er, noch bevor er schreiben konnte, eine Seite aus einem Kinderbuch Buchstabe für Buchstabe rein optisch ab.

Kurz vor unserem Interview fand er ein Heft, in dem er im Alter von ungefähr sieben Jahren jemandem eine selbst erfundene Geschichte diktiert hatte. Zum Schluss hatte er eigenhändig hingekritzelt: »Christoph Kuhn, Schriftsteller.« Über diesen Fund, der schon so früh seine innere Berufung dokumentierte, war er sehr erstaunt. Ich selbst fand diesen »sinnvollen Zufall« bemerkenswert, der ihn den Beleg für

seine frühe Berufung ausgerechnet kurz vor unserem Interview zu diesem Thema finden ließ! Es scheint wie eine Bestätigung, dass sein Weg auf einer tieferen Ebene trotz aller Umwege einem roten Faden folgte.
Christoph Kuhn nahm weder an der Jugendweihe teil noch war er in der FDJ. Das engte die Möglichkeiten für seine Schulausbildung und Berufswahl sehr ein. Er schloss die 10. Klasse ab und begann eine Lehre als Augenoptiker, die sein Vater ihm vermitteln konnte. Zu diesem Zeitpunkt wusste er selbst »nichts besseres« und war nicht unglücklich über diese Entscheidung. In einem Optiker-Fachgeschäft verkaufte er Brillen und arbeitete in der Werkstatt. Nach der Lehre arbeitete er zunächst als Facharbeiter und studierte dann drei Jahre lang Augenoptik an einer Fachhochschule. Die nächsten Stationen waren Augenkliniken, in denen Sehschärfemessungen, Augenfotografie und Kontaktlinsenanpassung zu seinen Aufgaben gehörten. So arbeitete er insgesamt neun Jahre. Mittlerweile war er Anfang dreißig und der Drang zum Schreiben meldete sich immer stärker. Die Arbeitszeiten ließen ihm auch zum ersten Mal kleinere Freiräume dazu. Er suchte aber nach mehr Selbstbestimmung in seinem Leben: »In der DDR, wo alles reglementiert war, wollte ich wenigstens mehr Freiheit und Freizeit für mich haben.« So bemühte er sich erfolgreich um Veränderung seines Arbeitsvertrages und konnte ab 1984 halbtags in der Klinik arbeiten. Zum ersten Mal hatte er wirklich Zeit zum Schreiben und nahm dafür gern einen reduzierten Lebensstandard in Kauf.
Zwischenzeitlich hatte er auch versucht, über eine Sonderreifeprüfung die Zulassung zum Theologiestudium zu bekommen. In dieser Prüfung fiel er aber auf, weil er beispielsweise statt »antifaschistischer Schutzwall« das Wort »Mauer« gebrauchte und sich damit als nicht linientreu entlarvte. So war auch dieser Weg versperrt.

Am Literaturinstitut in Leipzig absolvierte er dann drei Jahre lang ein Fernstudium parallel zur Halbtagsarbeit in der Augenklinik. Ähnlich wie bei Victor B. gab es also eine Übergangszeit, in der er halb für den Lebensunterhalt arbeitete und halb die neue Karriere aufbaute. In der Klinik wurde die Situation für ihn immer frustrierender. Er war der einzige Mitarbeiter, der für die Anpassung von Kontaktlinsen zuständig war; Materiallieferungen blieben aus, und es gab nur wenig Spielraum, den er selbst gestalten konnte. Der Wunsch, autark als Schriftsteller zu leben, wurde immer stärker. Er sprach oft mit seiner Frau und Freunden darüber. Diese hatten zwar Verständnis, aber ebenso viele Bedenken. Sein Vater ermutigte ihn jedoch, einen Weg zu suchen, der ihm erlaubte, weiter zu schreiben. Er konnte seine Sehnsucht verstehen, da bei ihm selbst das Schreiben ja auch immer neben dem Hauptberuf nur einen eingeschränkten Platz finden konnte.

Im Frühjahr 1989, also noch vor der Wende, kündigte Christoph Kuhn schließlich seine Stelle in der Klinik, und seitdem lebt er als freier Schriftsteller. Zwischen der ersten Idee, so zu leben, und ihrer Verwirklichung lagen fast zehn Jahre. Er hatte einige Aufträge von Kirchenzeitungen für Reportagen und Kurzgeschichten und einen Vertrag mit dem Mitteldeutschen Verlag für Kurzgeschichten, die aber erst nach der Wende veröffentlicht wurden. Er sagt, zu dieser Zeit habe er noch keine großen Ängste gehabt; die Lebenshaltungskosten waren niedrig, seine Frau hatte eine feste Stelle und unterstützte seine Pläne.

Die Wende jedoch, die im Herbst 1989 kam, ein halbes Jahr, nachdem er sich als freier Schriftsteller niederließ, brachte zunächst die größere Verunsicherung. Er hatte keine literarischen Kontakte in den Westen, aber etliche Begegnungen fügten es so, dass er allmählich Fuß fassen konnte. Unter anderem wurde er auf einer Reise beim Trampen von ei-

ner Lehrerin mitgenommen, die dann schließlich in Westdeutschland die ersten Lesungen für ihn arrangierte. Auch wenn er sich gelegentlich nach der Sicherheit der Festanstellung sehnte, bereute er seinen Schritt nie. Außerdem wurde immer deutlicher, dass sich das Schreiben nicht hobbymäßig betreiben ließ, wenn er aus nächster Nähe den Wandel begleiten und beschreiben wollte. Denn Tagungen, Lesungen, Kontakte zu Kollegen, Redaktionen und Rundfunkstationen nahmen und nehmen neben dem Schreiben viel Zeit ein.
Neben all diesen Tätigkeiten besuchte er darüber hinaus Fachkurse, um das Handwerk des Journalismus zu vervollkommnen. Mehrere Schriftstellerstipendien führten ihn für längere Zeit an andere Orte, unter anderem nach Stuttgart, Amsterdam und Gotland, und er schrieb in der Zwischenzeit neben Rundfunkbeiträgen und Artikeln für Zeitschriften mehrere Bücher, unter anderem Kinderbücher. Sein letztes Buch veröffentlichte er zusammen mit einem westdeutschen Schriftsteller (Kai Engelke): *Wie gut, daß bei uns alles anders ist*, ein Ost-West-Dialog, der große Aufmerksamkeit findet. Im Moment arbeitet er an einem Roman, in dem er Kindheitserfahrungen zur Zeit des Mauerbaus verarbeitet.
Trotz materieller Einschränkungen findet er seine Entscheidung, Schriftsteller zu werden, richtig. »Anders kann ich es mir gar nicht mehr vorstellen.« Im Grunde habe er auch keine andere Wahl gehabt: »Der Beruf des Schriftstellers ergreift einen.« Ihn hatte dieser Beruf schon mit sieben Jahren ergriffen, und es dauerte viele Jahre, ehe er wirklich für seine Berufung leben konnte. Aber ein Schriftsteller braucht Inhalte, über die er schreiben kann, braucht Lebenserfahrung, und so sind diese Jahre nicht vergeudete, sondern wichtige Jahre auf dem Weg.
Er fühlt sich mit seinen heute 50 Jahren noch jung genug für weitere Entwicklungen und sieht sich immer weiter auf dem Weg zu neuen Bereichen. Allerdings meint er, er könne kei-

nen Rat für andere weitergeben, zumal seine eigene Erfahrung durch die besondere politische Situation mitgeprägt war. Für sich selbst würde er diesen Weg aber immer wieder wählen.

Karen M.: Die Lerche will den Käfig verlassen

Drei Bereiche prägen das Leben von Karen M.: Sie fühlt sich gefangen in einem Verwaltungsberuf, sie engagiert sich aktiv für den Tierschutz, und ihre große Sehnsucht war es immer, Sängerin zu sein.

Ihre Kindheit verbrachte sie in den späten 1960er-Jahren in einer kleinen Stadt. Beide Eltern arbeiteten ganztags, und sie und ihre Schwester waren typische »Schlüsselkinder«, die viel allein waren. Sie fürchteten sich oft, wenn sie allein im Haus sein mussten. Nur ihre Katze gab ihnen »ein Gefühl von Liebe, Schutz und Geborgenheit«, wie Karen heute sagt. Sie glaubt, dass aus dieser Zeit ihre große Tierliebe stammt, die Tiere als gleichwertige Gefährten des Menschen ansieht. Sie wurde schon als Kind zur Vegetarierin.

Als ich sie frage, was sie denn früher werden wollte, antwortet sie erst: »Keine Ahnung ...« und fügt dann hinzu: »... ich glaube, Balletttänzerin und Pianistin.« Sie zeichnete gern schöne Frauen und schöne Kleider, Prinzessinnen, alles war sehr bunt, und nachdem sie schreiben gelernt hatte, schrieb sie Sciencefiction-Geschichten. Als Jugendliche aber wollte sie Abenteuer erleben und Pilotin oder Fallschirmspringerin werden. Dieses Temperament ist ihr auch jetzt noch beim Erzählen anzumerken, wenn sie heute, mit 35 Jahren, begeistert über ihre Träume und Pläne – ihre Höhenflüge – erzählt.

Als Kind spielte sie viel draußen mit anderen Kindern und ihrer jüngeren Schwester, musste aber auch immer auf sie

aufpassen. Als Jugendliche zog sie sich viel in ihr Zimmer zurück, hörte Musik, las und hing ihren Träumen nach. Obwohl die Familie in einem eigenen Haus wohnte, musste sie dieses Zimmer mühsam erkämpfen. Eigene Bereiche waren nicht erwünscht, obwohl beide Kinder andererseits so viel allein waren.
Ihre Eltern arbeiteten beide in Büro-Berufen und wünschten sich für ihre Töchter ebenfalls eine sichere Ausbildung, nachdem sie selbst im Krieg so viel Unsicherheit erlebt hatten. Beide Töchter machten Abitur und studierten – die Schwester Betriebswirtschaft, Karen zunächst Jura und parallel klassischen Gesang. Das Jurastudium war aus heutiger Sicht ein Zugeständnis an die Eltern, die sie teilweise finanziell unterstützen. Diese aber hatten mittlerweile eine Ausbildungsmöglichkeit entdeckt, in der das – kürzere – Studium der Verwaltungswissenschaft mit einer Anstellung im öffentlichen Dienst und einer hohen staatlichen Ausbildungsvergütung kombiniert war. Karen folgte schließlich diesem Weg, weil sie sich andernfalls als »hungernde Studentin« sah. »Ich belog mich, dass ich dann auch größere Chancen hatte, weiter Musik zu studieren, und saß ... schwupps ... in der Falle.«
Als sie dann nach dem Studium ihre Arbeit im Verwaltungsdienst begann, hasste sie diese Tätigkeit vom ersten Tag an. Sie versuchte schließlich, durch Zusatzqualifikationen und Stellenwechsel innerhalb der Verwaltung mehr Zufriedenheit zu finden. Parallel dazu nahm sie zehn Jahre lang Unterricht in klassischem Gesang und begann auch, auf kleinen Bühnen und auf Feiern aufzutreten. Ein weiterer Versuch zu mehr Zufriedenheit war ein Fernstudium, aber sie spürte, dass auch dies nur ein Ersatz war: Ihre eigentliche Leidenschaft gilt dem Gesang. Immer wieder wurde sie von verzweifelten Gefühlen überfallen, war erschöpft und hoffnungslos.
Vor einiger Zeit beschloss sie dann, die Gesangskarriere professioneller anzugehen. Sie macht sich keine Illusionen über

ihre Fähigkeiten und weiß, dass sie mit 35 für eine Sopranistinnen-Karriere zu alt ist und kommentiert dies sehr humorvoll. Aber sie arbeitet daran, mit einer Kollegin ein Ensemble zu gründen und ein klassisches Repertoire zu entwickeln, das hohes Niveau mit alternativer Präsentation verbindet.
Dabei machte sie eine Erfahrung, die mir von Menschen, die einen Richtungswechsel wagten, häufiger berichtet wurde: Wenn man ernsthaft beschließt, den »Weg des Herzens« zu gehen, öffnen sich oft ganz überraschend neue Wege und Möglichkeiten. Zum einen bekam Karen die Möglichkeit, innerhalb ihres Arbeitsbereiches eine sehr viel befriedigendere Tätigkeit zu übernehmen, in der sie ihre Kreativität und Kontaktfähigkeit besser einbringen kann. Zum anderen hat sie durch diese Veränderung die Chance auf Teilzeit-Arbeit, und so wird sie in Zukunft mehr Freiräume und mehr Energie für ihre Kunst haben. Sie stellt sich darauf ein, dass sie noch längere Zeit die sichere Grundlage ihrer Arbeitsstelle brauchen wird, und oft zweifelt sie, ob es überhaupt sinnvoll ist, künstlerisch arbeiten zu wollen. In einer solchen Stimmung fürchtet sie, immer nur als »kleine Vorstadt-Sängerin vor mich hin zu dümpeln« und fragt sich, »was bildest du dir eigentlich ein«? Außerdem wirft sie sich dann vor, viel zu lange gewartet zu haben, viel zu lange im falschen Leben geblieben zu sein.
Mittlerweile kann sie aber auch sehen, dass sie durch ihre bisher so ungeliebte Arbeit großes organisatorisches Talent entwickelt hat, das ihr für den Aufbau der neuen Karriere helfen kann. Und sie braucht für ihren Seelenfrieden die Sicherheit eines regelmäßigen Einkommens. Sie lebt mit ihrem Freund und mehreren Katzen in einem Haus mit Garten und liebt diese Lebensbasis sehr. Um sie zu erhalten, nimmt sie auch Kompromisse in Kauf. Die Möglichkeit, ihre Arbeitszeit zu reduzieren, gibt ihr neue Hoffnung, und sie hat schon Schritte eingeleitet, um in Zukunft bei ihrem Arbeitgeber

auch Telearbeit machen zu können. Das würde ihr jede Woche mehrere Stunden Arbeitsweg ersparen, die ihr dann wiederum für ihre große Leidenschaft zur Verfügung stehen. Mithilfe von Coaching arbeitet sie daran, mehr Klarheit in ihren Zielen zu finden und eine Strategie für die Umsetzung dieser Ziele zu entwickeln. Außerdem ist ein wichtiges inneres Thema noch die Versöhnung mit dem bisherigen Lebensweg, und ich bin zuversichtlich, dass sich ihr neue Chancen eröffnen, wenn ihre Energie sich vom Groll auf sich selbst und auf ihre Eltern lösen kann.

Ihre ehrenamtliche Arbeit im Tierschutz wird sie in jedem Fall fortsetzen – eine Berufung, die nicht in eine berufliche Tätigkeit münden muss, sondern die voller Leidenschaft alles begleitet, was Karen unternimmt.

Sehr geholfen in ihrer Orientierung hat ihr das *Tao Te King*. Sie lernt von diesem Buch immer wieder von Neuem mehr Gelassenheit und zitiert einen der Sätze, der ihr viel bedeutet: »Du bist angekommen. In diesem, in jedem Augenblick ist alles da, was du brauchst. Kein Wollen mehr, kein Zwingen, kein Drängen und Rasen.«

Ihr Rat, den sie auch sich selbst gibt: *»Geh, wohin du willst, aber geh. Bleib nicht stehen, hinterfrage alles, lass dich beraten, aber niemals hindern, das zu tun, wonach sich dein Innerstes sehnt.«*

Rainer D.: Der norddeutsche Ingenieur als Maler in Brasilien

»Richtungswechsel hapern oft am Mut zur Änderung, ganz abgesehen davon, dass die Richtung ja auch vorher definiert werden muss«, sagt Rainer D. Zu wenig Mut kann man ihm wohl nicht zuschreiben, und auch was die Richtung und Rich-

tungsänderungen angeht, legte er erstaunliche Zielstrebigkeit an den Tag.
Rainer D. wurde zu Anfang des Zweiten Weltkriegs in einer kleinen Stadt in Norddeutschland geboren. Er ist jetzt 60 Jahre alt. Seinen Vater lernte er erst mit acht Jahren kennen, als dieser aus der Kriegsgefangenschaft entlassen wurde. Während des Krieges lebte Rainer mit seiner Mutter, seiner Schwester, einer Tante und einer Großmutter zusammen. Als er 14 war, starb seine Mutter an Krebs. Sein Vater konnte nur am Wochenende nach Hause kommen, da er für eine Mineralölfirma im Außendienst arbeitete, und so kam die Oma widerwillig in den Haushalt zurück. Sie mochte den Jungen nicht und machte ihm, wo sie nur konnte, das Leben schwer. Rainers Kindheit erinnert eher an eine Tragödie als an die Kindheit eines Mannes, der Träume verwirklichte, die mancher verwöhnte Wohlstandsbürger nicht einmal zu phantasieren wagt. Schon als Kind wollte er Grafiker werden. Er war auf der Realschule in Kunst der Klassenbeste, und seine Bilder wurden vom Kunstlehrer sehr gelobt. Später besuchte er Volkshochschulkurse, und eine Kunstlehrerin, deren Porträt er als Zwanzigjähriger malte, sagte zu ihm, er habe ihre Seele erfasst. Trotz der so offenkundigen künstlerischen Begabung lehnte aber sein Vater eine Grafiker-Ausbildung kategorisch ab, da man damit sein Brot nicht verdienen könne. Er wollte eine Bürotätigkeit für seinen Sohn, am liebsten bei der Bundeswehr. Eher aus Trotz als aus Neigung machte Rainer eine Maschinenschlosserlehre.
Danach bewarb er sich um eine Stelle als Ingenieurassistent bei der Handelsmarine. Er wollte unbedingt die Welt sehen, und zunächst war er zwei Jahre lang auf Schiffen unterwegs. Als er von seiner ersten Brasilienreise zurückkam, stand für ihn fest: Dort wollte er leben, und da Ingenieure zu dieser Zeit in Brasilien sehr gefragt waren, beschloss er, Maschinenbau zu studieren. »Ich wollte mein Leben selbst steuern, und

mein Ziel war ganz klar.« Sieben Jahre dauerte es, bis er dieses Ziel verwirklichen konnte, denn er hatte ja kein Abitur. Er besuchte also mit enormer Zielstrebigkeit zunächst in Deutschland die Berufsaufbauschule, um die Hochschulreife zu erlangen, und zog dann das Ingenieurstudium in kürzester Zeit durch. In den Semesterferien machte er dennoch Seereisen nach Portugal, Norwegen und Kolumbien. Später reiste er noch in die USA, nach Kanada und Mexiko. Er finanzierte sein Leben mit einem Stipendium, mit Jobs als Kellner und mit Ersparnissen aus der Zeit der Seefahrt. Sein großer Traum blieb dabei unverändert. Er hatte keine Angst vor der Zukunft, aber in Deutschland fühlte er sich immer leicht unzufrieden.
Heute sagt er: »Im Verhältnis zu Lateinamerika sind die Menschen in Deutschland mit Sicherheit kleinlicher. Sie beschweren sich oft über lächerliche Dinge. Wir fragen uns hier, was haben die für Sorgen ... materielle Dinge haben oft einen zu hohen Stellenwert ...« Über Brasilien sagt er: »Die Zufriedenheit der Menschen liegt in den einfachen Dingen, und was manchmal andere wenig begüterte Menschen einem hier vorleben, bringt einen zu der Erkenntnis, dass man selber keinen Grund zur Klage hat. Ich bin einfach glücklicher hier.«
Wie wenig wichtig letztendlich der materielle Wohlstand fürs Lebensglück ist, wurde ihm schon während eines Besuchs in Lambarene in Afrika bewusst, bei dem er während seiner Seefahrtsjahre einige Tage bei Albert Schweitzer verbringen konnte.
Nach dem Studium und erster Berufstätigkeit als Ingenieur verwirklichte er dann endlich seinen Traum: Mit 30 Jahren ging er nach Brasilien und arbeitete dort mehrere Jahre als Ingenieur und Abteilungsleiter für zwei deutsche Automobilfirmen. Während dieser Zeit kam schließlich auch seine Jugendfreundin nach Brasilien, und sie heirateten. Nach einigen beruflich erfolgreichen Jahren in der Industrie meldete sich ein anderer großer Traum beharrlich wieder, den Rainer

D. trotz aller Reisen noch nicht verwirklicht hatte: Er wollte eine zeitlich unbegrenzte Reise machen. Schließlich kündigte er 1976 seine gut dotierte Stellung und machte sich zusammen mit seiner Frau auf den Weg. Fast ein Jahr lang bereisten sie nun Südamerika und Europa.

1977 kehrten sie nach Brasilien zurück, und Rainer D. nahm eine Stelle als Geschäftsführer einer deutschen Firma in São Paulo an. Nach einigen Jahren bekamen er und seine Frau gesundheitliche Probleme und sehnten sich danach, diese Millionenstadt zu verlassen. Trotz aller Bedenken, die gute Freunde äußerten, zogen sie aber nun doch auf eine Insel im Süden von Brasilien, die sie auf einer ihrer vielen Reisen entdeckt hatten.

Ihren Lebensunterhalt verdienten sie durch eine Familien-Diskothek, die nur sonntags geöffnet war. Zum ersten Mal seit vielen Jahren hatte Rainer D. wieder Zeit und innere Muße zum Malen. Er machte im nächsten größeren Ort endlich die in der Jugend nicht mögliche künstlerische Ausbildung: Zuerst nahm er einige Jahre lang an Zeichenkursen teil, dann absolvierte er an der Universität sogar noch ein Aufbaustudium in Kunst. Inzwischen hatte er mehrere Ausstellungen, er verkauft seine Bilder, arbeitet als Kunstlehrer in einem Kulturzentrum in der Nachbarstadt auf dem Festland, und seine Frau und er vermieten Ferienwohnungen auf seinem Grundstück direkt am Meer. Die Diskothek wollen sie jetzt verkaufen. In Deutschland waren sie in all den Jahren regelmäßig zu Besuch. Vor einiger Zeit hatte Rainer D. auch eine Ausstellung in seiner Heimatstadt.

Ich frage ihn, ob er denn niemals quälende Phasen gehabt habe, in denen er sich fragte, was er mit seinem Leben anfangen solle. Er antwortet: »Nein, so protzig das klingen mag, solche Probleme habe ich nicht gehabt. Ich war immer nur gespannt auf das Abenteuer der Veränderung und der damit verbundenen Erneuerung.«

Rainer hat immer wieder erlebt, wie sich durch glückliche Umstände und Begegnungen sein Leben auch in schwierigen Situationen positiv weiterentwickelte, und er hat eine große Begabung dafür, auch kleine Ereignisse als bedeutsam zu würdigen.
Sein Rat für Menschen, die ihrem Leben eine andere Richtung geben wollen als bisher: *»Sei dir zu nichts zu schade. Versuche, finanziell so einfach zu leben, wie es eben geht, aber verwirkliche das, was du machen möchtest, auch wenn du anfangs nebenher jobben musst. Dein neues Ziel weckt in dir Energien, die dein Leben positiv verändern. Lass dich nicht von anderen ins Bockshorn jagen. Wenn zwei das Gleiche tun, ist das immer noch nicht das Gleiche. Wer seiner inneren Stimme folgt, tut in jedem Fall das Richtige, selbst wenn der Erfolg ausbleiben sollte. Denn es bleibt einem der Frust erspart, es nicht gewagt zu haben. Außerdem ist jedes neue Wissen und jede neue Erfahrung eine Bereicherung für das Leben.«*

■ ■ ■

So verschieden diese Lebensgeschichten auch sind, so sehr fallen einige Gemeinsamkeiten auf: Die Steigerung der Lebensqualität, die für alle mit der Veränderung einhergeht, wird nicht in materiellen Begriffen gesehen, sondern in Zufriedenheit. Im Einklang mit den tiefsten inneren Wünschen leben zu können ist wichtiger.
Das heißt nicht, dass Geld verachtet wird. Es ist durchaus willkommen. Aber es wird nicht als Voraussetzung gesehen, um die eigenen Träume verwirklichen zu können. Keiner dieser Künstler stammt aus einem reichen Elternhaus, und keiner konnte einfach aus dem alten Leben aussteigen. Jeder dieser Künstler bereitete den Umstieg sorgfältig und verantwortungsbewusst vor, und dazu gehörte vor allem, schon während des »alten Lebens« Qualifikationen für den ersehn-

ten neuen Weg zu erwerben. Victor nahm Schauspielunterricht und suchte sich einen Regisseur. Christoph Kuhn machte ein Fernstudium am Literaturinstitut und besuchte Journalistik-Kurse. Karen M. nahm zehn Jahre lang Gesangsunterricht, und Rainer D. machte gar mehrere Ausbildungen für mehrere Träume: in jungen Jahren das Ingenieursstudium (die Kunst blieb Hobby, das in Kursen gepflegt wurde) und erst in späteren Jahren das Kunststudium.

Bei all den genannten Künstlern führte der Weg zur Kunst über Umwege. Sie fühlten sich gefangen im falschen Leben, in beengenden Umständen – wie in der engen Hülle der Verpuppung. An ihrem Beispiel lässt sich gut erkennen, dass die auf den ersten Blick stagnierende Situation auch etwas anderes bedeutet (wie es weiter vorn schon einmal anklang): In dieser Hülle kann »das Eigentliche« zwar noch nicht gelebt und ausgedrückt werden, aber es kann sich entwickeln und reifen. Solche Reifeprozesse machen einen wesentlichen Teil der Tiefe und Ernsthaftigkeit aus, mit denen in einer späteren Phase dann die Verwirklichung der Träume in Angriff genommen wird. Zwar bleibt das Risiko des Scheiterns, aber eines Tages verpasste Möglichkeiten zu betrauern wird als das größere Scheitern empfunden.

5 Den Rahmen wechseln: Von Moral und Konsequenz

In diesem Kapitel lernen Sie Menschen kennen, die schon früh in ihrem Leben verantwortungsvolle Berufe anstrebten, in denen sie anderen helfen wollten. Sie mussten aber feststellen, dass verkrustete Institutionen und Hierarchien die Umsetzung ihrer Ideale verhinderten, und sie gaben während der Veränderung nicht nur äußere Sicherheiten auf, sondern mussten auch mit großen menschlichen Enttäuschungen fertig werden. Doch schließlich folgten sie in anderer äußerer Form ihrer Berufung und ihren Idealen, blieben sich selbst treu und gewannen neue Möglichkeiten für ein befriedigendes Familienleben. Alle drei Genannten sind religiös und gewinnen rückblickend den Eindruck, es habe sich ein roter Faden durch ihr Leben gezogen oder eine schützende Hand sie geführt.

Andreas G. wollte katholischer Priester werden, geriet in Konflikt mit dem Bischof und wurde über mehrere Zwischenstationen selbstständiger Psychotherapeut und Supervisor, der jetzt unter anderem Kollegen in kirchlichen Stellen berät. Johannes L. war Facharzt mit einer großen florierenden Praxis und gab sie auf, als die Medizin, wie er sie moralisch vertreten kann, immer wieder an Grenzen stieß, und als er seine Familie aus Zeitmangel kaum noch sah. Jetzt arbeitet er mit wesentlich kleinerem Gehalt als angestellter medizinischer Gutachter und ist glücklicher als vorher. Michael H. war zehn Jahre lang Mönch in einem katholischen Orden und verließ ihn, als seine Arbeit für die sozial Benachteiligten eingeengt wurde und bildet jetzt – ebenfalls nach etlichen Zwischenstationen – Studenten der Sozialpädagogik aus. Sein früheres

Engagement führt er auch fort, indem er sich an seinem Wohnort ganz konkret für eine Flüchtlingsfamilie einsetzt, der das Asyl verweigert wurde.

Andreas G.: Der liebevolle Rebell und die Freiheit des Geistes

Für Andreas G. stand schon in der Kindheit fest: Ich werde einmal katholischer Pfarrer. Er war in einer kirchlichen Jugendgruppe aktiv, Ministrant bei den Gottesdiensten, und die jungen Kapläne wurden zu väterlichen Vorbildern. In dem kleinen Ort, in dem die Familie lebte, galten Priester in den frühen 1950er-Jahren noch viel, und seine Mutter war vom Berufswunsch des Sohnes begeistert. Dem Vater war dies nicht so wichtig, denn er beschäftigte sich vorwiegend mit seinem Beruf in der Stadtverwaltung; die Mutter kümmerte sich um die Familie.

Andreas war zwar als Jugendlicher noch schüchtern, entwickelte sich aber im Theologiestudium immer mehr zum Freigeist, der sich von seinen Professoren und Vorgesetzten im Priesterseminar nicht mehr mit dogmatischen Antworten zufrieden stellen ließ. Dennoch kam ihm nie in den Sinn, seinen Berufswunsch aufzugeben. Im Gegenteil, er wollte voller Idealismus beweisen, dass auch ein nicht angepasster Theologe ein guter Priester sein konnte. Und um praktisch noch besser ausgerüstet zu sein für den Alltag in einer Gemeinde, begann er in den letzten Theologie-Semestern auch noch ein Studium der Sozialarbeit.

Einer seiner Studienkollegen wollte als Laientheologe Pastoralassistent in einer Gemeinde werden. Aber seine Frau war evangelisch – ein Makel, den der Bischof nicht akzeptierte und Grund genug, um ihn für eine Stelle abzulehnen. Zehn

Studienfreunde, die alle Priester werden wollten, engagierten sich in diesem Fall, organisierten Protestaktionen, ließen Gutachten erstellen, suchten das Gespräch mit der Kirchenleitung. Der Bischof ließ gleich am Anfang des Gesprächs wissen, er sei froh, so rechtzeitig zu wissen, dass sie den Gehorsam verweigerten. Solche Priester wolle er nicht. Damit hatte der Bischof dann tatsächlich zehn Priester weniger, denn alle traten geschlossen als Priesteramtskandidaten zurück. Für einige aus der Gruppe war diese Situation mit großer existenzieller Not verbunden. Sie mussten seelisch verkraften, dass sie ihr voller Engagement angestrebtes Berufsziel nicht erreichten und mussten einen neuen »Brotberuf« finden.

Andreas sagt heute, er habe vermutlich schon unbewusst für sich die Weichen gestellt, als er lange zuvor das Zweitstudium begann. Aufgrund der besonderen Situation erhielt er nun eine Verlängerung seines Stipendiums, das er allerdings später komplett zurückzahlen musste. Während des Studiums lernte er dann seine Frau kennen. Später ärgerte er sich über die für seine ehemaligen Vorgesetzten so bequeme Erklärung, er und seine Studienkollegen hätten wegen der Frauen ihre Berufung zum Priester aufgegeben.

Nach dem Studium arbeitete er dann trotz der noch nicht verkrafteten Enttäuschung über die Kirche als Eheberater in einer kirchlichen Stelle. Diese Arbeit machte ihm fünf Jahre lang viel Freude – bis er eines Tages von seinem Vorgesetzten zu einem Gespräch zitiert wurde. Andreas hatte öffentlich Stellung bezogen, als ein Freund und dessen Frau, die beide in einer kirchlichen Stelle arbeiteten, entlassen worden waren. Sie hatten aus ernsthaften theologischen Erwägungen ihr Baby nicht taufen lassen. Jetzt stand das Paar beruflich vor dem Aus, und Andreas prangerte die Lieblosigkeit der Kirche an. Sein Vorgesetzter wiederum hatte in detektivischer Manier herausgefunden, dass Andreas und seine Frau ebenfalls ihre Tochter nicht hatten taufen lassen. Ihm wurde

eine Frist gesetzt, um das nachzuholen, andernfalls würde ihm gekündigt.
Zunächst wollte Andreas prozessieren, aber dann wurde ihm über Bekannte eine interessante Pädagogen-Stelle in einem anderen Ort angeboten. Es war zwar nur eine Halbtagsstelle, aber er beschloss, nicht gegen Windmühlenflügel zu kämpfen und lieber in einem Umfeld zu arbeiten, das ihm Spielraum ließ. Dass ihm in dieser schwierigen Situation dieses Angebot gemacht wurde, war nur eines von vielen Erlebnissen, von denen Andreas sagt, er glaube an Engel.
Einige Zeit später wurde erneut einem Freund in einer kirchlichen Stelle gekündigt, und jetzt traten Andreas und seine Frau aus der Kirche aus. Dieser Schritt war sehr schmerzhaft für ihn – für ihn, der einmal innerhalb der Kirche seine hohen Ideale von Mitmenschlichkeit und sozialem Engagement verwirklichen wollte und nun ausgerechnet in diesem Rahmen keinen Platz mehr dafür fand. So fühlte er sich geradezu moralisch verpflichtet, diesen Rahmen zu verlassen.
Zwei Jahre später aber verwirklichte die Familie einen anderen Traum: den Traum vom eigenen Haus auf dem Lande. Andreas hatte ein Angebot bekommen, freiberuflich Blockseminare für ein psychotherapeutisches Ausbildungsinstitut zu halten, die an verschiedenen Orten stattfanden. Zwischen zwei Seminarblöcken lagen immer mehrere Tage oder sogar Wochen freier Zeit, und so war er nicht mehr an einen bestimmten Wohnort gebunden. Allerdings war dies keine feste Anstellung, sondern er würde zum ersten Mal freiberuflich arbeiten. Die Familie war seit langem daran gewöhnt, mit wenig Geld auszukommen, doch die neue Arbeit versprach sogar eine Verbesserung des Einkommens. So hielt sich die Angst vor der Unsicherheit einer freiberuflichen Arbeit in Grenzen. Und die neue zeitliche Flexibilität würde es schließlich auch seiner Frau erlauben, trotz kleinem Kind wieder halbtags zu arbeiten. Sie stand voll hinter Andreas' Plänen.

Nun konnten sie nach einem Haus auf dem Lande suchen, und sie fanden bald eines, das ihren Bedürfnissen und ihren eingeschränkten Finanzen entsprach. Mit viel Eigenarbeit, die durch die freie Zeit möglich war, bauten sie es um, und mittlerweile haben sie es komplett bezahlt. Im Nachhinein staunen beide über den Mut, den sie hatten, in eine völlig fremde Gegend zu ziehen und fast ohne Eigenkapital ein Haus zu kaufen.
Die neue Arbeit als Seminarleiter befriedigte Andreas sehr. Statt mit Jugendgruppen, wie er es als katholischer Kaplan getan hätte, arbeitete er nun mit Gruppen von Kollegen, und indem er andere lehrte, mit Problemfamilien zu arbeiten, konnte er indirekt auch Sozialarbeit und »Seel-Sorge« leisten. Nachdem er mehr als zehn Jahre lang so gearbeitet hatte, war dann mit Mitte vierzig erneut ein Richtungswechsel angesagt: Zunehmend fiel es Andreas schwer, für die Seminare so weit zu fahren und von der Familie getrennt zu sein. Außerdem waren mittlerweile etliche seiner Kollegen, mit denen er zusammenarbeitete, vom Ausbildungsinstitut weggegangen und er begann, sich dort fremd zu fühlen.
Dieses Mal aber war der Schritt in eine neue Lebensform mit großen Ängsten verbunden. Am Wohnort konnte er mit einer neuen Stelle nicht rechnen, ein Umzug kam für die Familie nicht in Frage, da seine Frau mittlerweile eine gute Halbtagsstelle hatte und die Tochter kurz vor dem Abitur stand. Also blieb nur, sich als Therapeut und Supervisor selbstständig zu machen. Wieder einmal musste der Rahmen gewechselt werden, in dem er sein Engagement einbringen konnte. Hinzu kamen Begegnungen mit spirituellen Lehren und Natur-Heilweisen, die sein theologisches Interesse um weitere spirituelle Dimensionen erweiterten.
Und das Wunderbare geschah: Andreas machte keine Werbung, und doch hatte er durch Empfehlungen innerhalb kurzer Zeit so viele Anfragen, dass er eine Warteliste einrichten

musste. Mittlerweile arbeitet er freiberuflich als Personalberater für Unternehmen und ist ein gefragter Supervisor für Institutionen aus dem Sozialbereich. Etliche kirchliche Institutionen zählen zu seinen Klienten, und ich finde, darin liegt eine gewisse Ironie: Derjenige, der wegen Gehorsamsverweigerung in seiner Berufung gleich zweimal behindert wurde, lebt genau diese Berufung jetzt in unabhängiger Weise als Berater für solche Stellen aus, an denen er angestellt gar nicht mehr arbeiten dürfte. Er hat die Erfahrung gemacht: »Wenn ich innerlich auf dem richtigen Weg bin, kommen immer wieder neue Chancen auf mich zu.«

Sein Lebensgefühl ist heute vor allem von großer Dankbarkeit bestimmt. Er sagt: »Es geht uns sehr gut.« Und selbst frühere Situationen, die sehr schwer waren, haben aus heutiger Sicht – er ist jetzt Mitte fünfzig – einen tieferen Sinn für ihn. Zwei davon beschreibt er genauer: Bei ihm gab es in den späten Jugendjahren bis zum Ende des Studiums immer gesundheitliche Probleme. Er hatte oft Fieber, und die Leberwerte waren nie in Ordnung, obwohl er abstinent lebte und eine Diät einhielt. Eine organische Ursache war nicht festzustellen. Psychosomatisch gesehen kann körperliches Fieber seine psychische Entsprechung in einem Abwehrverhalten und hoher Erregung haben. Sprachlich äußert sich diese Entsprechung auch in Begriffen wie »einer Sache entgegenfiebern«. Die Leber wiederum hat mit Entgiftungsprozessen zu tun. »Eine kranke Leber zeigt, daß der Mensch zuviel von etwas aufnimmt, was seine Verarbeitungskapazität übersteigt, zeigt Maßlosigkeit ... und zu hohe Ideale ... Die Leber hat weiterhin einen starken Symbolbezug zu weltanschaulichen und religiösen Bereichen.« (Dethlefsen/Dahlke, S. 193) Diese möglichen Zusammenhänge waren Andreas damals nicht bewusst, aber aus der Distanz vieler Jahre sieht er in den gesundheitlichen Problemen den Ausdruck seiner damaligen psychischen Verfassung. Die Beschwerden verschwanden ohne medizinische Behandlung einige Zeit nach dem Theologiestudium. Andreas sagt von sich selbst, er habe sich in vielerlei Hinsicht mit zu hohen Idealen überfordert und immer wieder lernen müssen, loszulassen.

Eine dieser Situationen in den früheren Jahren empfindet er auch heute noch als ungeheuer dramatisch: Seine Frau war mit dem zweiten Kind hochschwanger und erkrankte plötzlich an einer schweren Infektion. Sie verlor das Kind und befand sich zwei Tage später selbst in Lebensgefahr. Eine Notoperation rettete sie. Andreas konnte mehrere Nächte nicht schlafen, trauerte mit seiner Frau um das gestorbene Kind, versorgte die kleine Tochter und lebte in großer Angst, nun auch noch seine Frau zu verlieren. Als er an einem dieser Tage mit seiner Tochter einkaufen ging, riss sie sich plötzlich von ihm los und rannte auf die Straße, direkt vor ein Auto. Wie durch ein Wunder geschah ihr nichts. Andreas hatte dennoch das Gefühl, dass ihm nun alles genommen werde. Und dann kehrte nach diesem Schock in seinem Inneren große Ruhe ein: Ihm wurde bewusst, wie verletzlich er war und dass er versucht hatte, seine Ideale zu krampfhaft durchzusetzen. Nun musste er lernen, Kontrolle aufzugeben, Demut zu lernen, loszulassen. »Mitzufließen«, statt alles zu kontrollieren, ist seitdem sein Anliegen, um das er sich immer wieder von Neuem bemüht.

Deshalb lautet sein Rat für andere: *»Habe Mut, auf den Fluss des Lebens zu vertrauen.«* Auf seinem Grabstein soll einmal stehen: *»Er hat versucht, an seinem Platz im Leben die Liebe zu leben.«*

Johannes L.: Der Fließbandarzt wider Willen und der Mut zum Umstieg

Johannes wuchs in den 1950er-Jahren in einer großen Familie mit mehreren Kindern und Großeltern auf. Seine Mutter war Hausfrau, sein Vater arbeitete in einem Büro, und die Familie lebte bescheiden. Dennoch sollten die Kinder eine gute Ausbildung bekommen und es »einmal besser haben« als die Eltern. Johannes wollte als Kind Archäologe werden, später dann Biologe oder Chemiker. Er war ein eher zurückhaltendes Kind, aber als Jugendlicher ein begeisterter Sportler. Daneben gehörte seine Freizeit der katholischen Jugendgruppe. Die Schule machte ihm Spaß, Geschichte und Naturwissenschaften gehörten zu seinen Lieblingsfächern, aber nach dem Abitur dachte er zunächst nicht an ein Studium. Er absolvierte eine Ausbildung zum vorexaminierten Apotheker, die es in dieser Form heute nicht mehr gibt. Zunächst machte ihm die Arbeit viel Spaß, viele Medikamente konnte man noch selbst herstellen, aber nach einigen Jahren wurden die formalen Bestimmungen für seine pharmazeutische »Schmalspur-Ausbildung« immer enger. Johannes sah sich für die nächsten Jahrzehnte nur noch als »Pillenverkäufer« und wollte sich deshalb weiter qualifizieren.

Ein Pharmazie-Studium scheiterte aber zunächst an einer langen Warteliste. Für das Studium der Medizin allerdings waren zu dieser Zeit die Chancen besser, und so entschied er sich für dieses Fach. Seine Eltern hatten keine Einwände, dass er nach dieser Zeit, in der er schon gut verdient hatte, noch einmal einen finanziellen Rückschritt in Kauf nahm. Ihm selbst waren materielle Dinge nicht so wichtig, er brauchte nicht viel zum Leben, und eine befriedigende Arbeit war ihm in jedem Fall wichtiger. Mit einem kleinen Stipendium und Wochenenddienst in einer Apotheke an seinem Studienort konnte er das Studium gut finanzieren. Dennoch

hatte er genügend Zeit für seinen Sport, den er jetzt sogar in einem Verein als Leistungssport betrieb.
Das Studium verlief ohne Probleme, aber in der Zeit der Facharzt-Ausbildung stieß sich Johannes immer öfter an den starren hierarchischen Strukturen in der Universitäts-Klinik. Er hatte zwar ein Angebot, Oberarzt zu werden, aber er entschied sich gegen eine Karriere im Krankenhaus. Mehr Freiheit und die Möglichkeit zu einer patientenorientierten Medizin versprach er sich in einer eigenen Praxis. Und er stellte sich vor, dann auch mehr Zeit für eine Familie zu haben als bei den vielen Diensten in der Klinik.
Wenn eine Situation völlig unbefriedigend ist, scheint jeder andere Rahmen besser zu sein als der, in dem man sich selbst befindet. Ein englisches Sprichwort sagt dazu: »Das Gras ist immer grüner auf der anderen Seite des Zaunes.« Zu dieser Zeit war es auch tatsächlich noch so, dass Ärzte in eigener Praxis noch größere Gestaltungsmöglichkeiten hatten. Budgetierung, sinkende Punktwerte und Regress-Androhungen gehörten nicht in solch bedrohlichem Ausmaß zum Alltagsgeschäft wie heute.
Johannes eröffnete also in einer kleinen Stadt seine Praxis und war mehrere Jahre sehr zufrieden mit dieser Entscheidung. In dieser Zeit wuchs die Familie, er war nun Vater von drei Kindern, mit denen er gern mehr Zeit verbringen wollte. Er hatte aber als Facharzt einen so guten Ruf und war persönlich so beliebt, dass seine Praxis allmählich zu groß wurde. Bei Treffen mit Fachkollegen stellte er außerdem fest, dass er trotz der vielen Arbeit weniger Umsatz als die anderen machte, denn mit seiner Auffassung von moralischer Verantwortung vertrug es sich nicht, medizinisch unnötige Untersuchungen und Behandlungen nur aus Profitgründen vorzunehmen. (Diesen Punkt erwähnt er aber erst nach ausführlichem Fragen meinerseits, denn er will sich nicht als Helden hinstellen. Eine beeindruckende Haltung.)

Johannes hatte sich gerade entschieden, einen Kollegen mit in die Praxis zu nehmen, um seine Arbeitslast zu reduzieren, als eine Niederlassungssperre eingeführt wurde. Es gab nun keinen Weg mehr, innerhalb der Praxis Veränderungen herbeizuführen. Mittlerweile war Johannes 42 Jahre alt und bemerkte an sich selbst ernsthafte gesundheitliche Probleme. Die Vorstellung, unter diesen Bedingungen auch noch in höherem Alter arbeiten zu müssen, war für ihn in höchstem Maße deprimierend. Pro Tag musste er 80 bis 100 Patienten »durchschleusen« und konnte sich dem Einzelnen gar nicht mehr widmen. Für einen engagierten Arzt und liebevollen Menschen wie Johannes war dies kaum noch zu ertragen. Hinzu kam, dass er sich in seiner kargen Freizeit kaum noch frei bewegen konnte, da in dem kleinen Ort ihn fast jeder kannte. Selbst wenn er seine Kinder zu Schul- oder Sportveranstaltungen begleitete, wurde er von Patienten angesprochen, die einen Rat wollten.
Er begann, nach Alternativen zu suchen und bekam schließlich ein interessantes Angebot von einer kleinen privaten Klinik. Krankheiten und Todesfälle in seiner Familie verhinderten jedoch diese berufliche Veränderung, die auch mit einem Umzug an einen weit entfernten Ort verbunden war. Schweren Herzens sagte Johannes ab und hielt weiter »mit zusammengebissenen Zähnen« in der Praxis aus. Seine Frau sagt heute noch, damals habe er sich verändert. Er habe seine Fröhlichkeit und seinen Optimismus verloren.
Eines Tages aber kam für ihn der Durchbruch, der »point of no return«, an dem er definitiv entschied: »So kann und will ich nicht mehr leben.« Er kam morgens um sieben Uhr wie gewohnt zur Praxis, und es standen dort schon 23 Leute draußen, die auf ihn warteten. An diesem Tag zählte er bis abends um 22 Uhr genau 110 Patienten. Und als Facharzt hatte er mit vielen schwierigen Fällen zu tun. Über diesen Tag sagt er: »Ich bin nur noch nach Hause gekrochen.«

Manchmal muss sich eine unerträgliche Situation noch einmal zuspitzen, bis gerade ein sehr verantwortungsbewusster Mensch entscheidet: »Meine Kraft reicht nicht mehr aus, egal, wie sehr ich mich zusammenreiße. Ich muss diese Situation verlassen, ich habe auch eine Verantwortung für mich selbst.« Für Johannes wurde es höchste Zeit. Seit seinem ersten Versuch der Veränderung waren vier Jahre vergangen, er war jetzt 46 Jahre alt.

Nachdem er sich ernsthaft entschied, die Situation zu ändern, fügten sich innerhalb weniger Monate neue Möglichkeiten so, dass Johannes die Praxis an einen jüngeren Kollegen übergeben konnte und er eine Stelle als medizinischer Gutachter fand, die von seinem Wohnort aus gut zu erreichen war. Es war nicht seine »Traumstelle«, aber er wollte lieber »kleine Brötchen backen«, als seine Gesundheit zu ruinieren.

Als er sich persönlich bei seinen Kollegen im Ort verabschiedete, sagten einige: »Ach, nehmen Sie mich mit.« Bei anderen aber stieß sein Schritt auf Unverständnis. Ein Arzt hat gefälligst kein Bedürfnis nach geregelter Arbeitszeit zu haben, ein Arzt arbeitet viel und lamentiert höchstens am Kollegen-Stammtisch, aber eine hohe Arbeitsbelastung gehört zum Ansehen dazu, und es ist geradezu unanständig, Sehnsucht nach mehr Zeit für die eigene Frau und die Kinder offen zu formulieren. Das zeugt von fehlender Belastbarkeit, verehrter Kollege! Zum Kollegen-Stammtisch wird Johannes mittlerweile nicht mehr eingeladen, aber sein Rat wird von einzelnen Kollegen durchaus noch gesucht. Nachdem die Entscheidung einmal gefällt war, fiel ihm das Loslassen leicht, und heute kann er völlig problemlos an seiner alten Praxis vorbeigehen.

Johannes genießt nun die regelmäßigen Arbeitszeiten und die neuen Herausforderungen in seiner neuen Arbeitsstelle. Der Anfang war nicht leicht, denn er hatte es wiederum mit Hierarchien und verkrusteten Strukturen zu tun, und es dauerte eine Weile, bis auch diese Krise überstanden war. Ich denke, dies gilt generell für Neuanfänge: So sehr die neue Situation ersehnt ist – auch sie erfordert wieder neue Anpassung, Aufgeben oder Modifizieren von Idealen und Hoffnungen. Auch der Prozess der Ent-Täuschung gehört oft zu einem Neuanfang: die neue Realität zu sehen und anzunehmen, auch wenn sie anders ist, als ich es mir vorgestellt und erhofft habe. Und natürlich ist es auch trotz all der früheren Belastung eine Umstellung in der eigenen Identität, nicht mehr der Chef oder der angesehene Kollege mit eigener Praxis zu sein.

Mittlerweile ist Johannes seit fünf Jahren in seinem neuen Leben zu Hause, und er und seine Familie genießen das ruhigere Leben. Das etwas geringere Einkommen ist kein Thema. Wichtiger ist die Lebensqualität. Endlich hat er Zeit für seine Kinder, und wenn er die Jugendgruppe seines Sohnes im Sportverein trainiert oder samstags am Spielfeldrand steht, spürt er, wie richtig seine Entscheidung war. »Die Zeit mit meinen Kindern geht so schnell vorbei, die gibt mir niemand zurück.«

Mich würde nicht wundern, wenn Johannes in Zukunft noch seinen Traum verwirklicht, einmal als Helfer bei einer archäologischen Ausgrabung mitzuarbeiten. Fit genug dafür ist er, weil er jetzt Zeit hat, wieder regelmäßig Sport zu treiben. Als Patientin bedauere ich natürlich, dass ein so engagierter Arzt in dem restriktiven Rahmen, der von der Gesundheitspolitik gesetzt wird, keine andere Möglichkeit mehr sah, als diesen Rahmen rechtzeitig zu verlassen.

Sein Rat für andere Menschen in einer ähnlichen Situation lautet: *»Man sollte, wenn man eine Situation nicht mehr erträgt, alle Möglichkeiten versuchen, um eine Änderung herbeizuführen, im Idealfall im Einklang mit der Familie. Wenn man merkt, dass man sich beim Ausharren in der Belastung selbst immer mehr zum Nachteil verändert, muss man einen Wechsel vielleicht auch ›auf eigene Faust‹ wagen.«*

Michael H.: Der Mönch verlässt die Zelle. Berufung hat viele Gesichter

»Umwege sind bekanntlich die besten und geradesten Wege zum Glück.« Dieser Satz, den Michael H. in einem Brief schreibt, könnte als Motto über seinem Lebensbericht stehen. Michael wurde am Anfang des Zweiten Weltkriegs geboren. Die Familie wurde während des Krieges aufs Land evakuiert, der Vater war Soldat. Michael wollte zuerst Ingenieur werden, später dann Priester in der Jugendarbeit. Als Jugendlicher war er bei den Pfadfindern und erlebte dort in der Gruppenarbeit und bei den Fahrten und Zeltlagern vieles, was ihn prägte und aus seiner engen Welt herausführte.
Als er zur Realschule ging, nahm er oft eine Abkürzung durch den Garten eines Jugendheims, das von einem Orden geführt wurde. Mit ungefähr 15 Jahren traf er dort eines Tages zufällig einen Pater, mit dem er ins Gespräch kam. Dieser Pater gab die Ordenszeitung heraus, während Michael an seiner Schule Redakteur der Schülerzeitung war. Fortan trafen sich beide öfter zum Fachsimpeln. Der Pater wurde immer mehr zu einem väterlichen Freund und machte ihm eines Tages einen Vorschlag: Der Orden hatte in einem Ort 100 Kilometer entfernt ein Gymnasium mit Internat. Er werde Michael unterstützen, einen Freiplatz zu bekommen.
Die Eltern waren arm, damals musste noch Schulgeld bezahlt werden, und Michael hätte ohne diesen Freiplatz keine Chance gehabt, auf ein Gymnasium zu gehen. Außerdem konnte er dort in mehreren Etappen sowohl Abitur machen als auch gleichzeitig eine Ausbildung zum Heimerzieher bekommen. Michael wurde dann mit 18 Jahren – noch als Schüler – Novize des Ordens und wollte später Priester werden. Während der Ausbildung zum Heimerzieher gab es viele Kontakte zu anderen sozialpädagogischen Einrichtungen, und es entstanden einige Freundschaften, unter anderem

mit Nonnen aus einem Heim für Mädchen. Nach dem Abitur machte Michael dann zunächst ein Anerkennungsjahr als Heimerzieher und begann schließlich Mitte der 1960er-Jahre mit dem Studium der Theologie. Seine Mutter war von den Berufsplänen des Sohnes begeistert, sein Vater hätte ihn lieber als Ingenieur gesehen.

Damals war es üblich, nach der Vorprüfung an einer anderen Universität weiterzustudieren, und Michael wechselte an eine Hochschule des Ordens im Ausland. Dort lebte er im Haus des Ordens, und jeglicher Briefwechsel wurde – wie auch in anderen Klöstern – kontrolliert. Natürlich stieß sein Briefwechsel mit einer Nonne, mit der er eine platonische Freundschaft pflegte, auf heftige Kritik, und er wurde zum Vorgesetzten zitiert. Dies war der erste größere Konflikt, in dem er sich lediglich mit einem heftigen Brief wehren konnte. Einige Zeit später hatte er eine schmerzhafte Nierenkolik, von der er heute sagt: »Das alles ging mir wortwörtlich an die Nieren.«

Gegen Ende der 1960er-Jahre kamen dann alternative Seelsorge-Modelle auf, in denen Mönche und Priester direkt in die Arbeiterviertel zogen, um dort in Fabriken zu arbeiten und in normalen Wohnungen statt in Klöstern oder Pfarrhäusern zu wohnen. Michael und einige seiner Mitstudenten planten Ähnliches. Sie stießen aber auf heftigen Widerstand ihrer Vorgesetzten, der so weit ging, dass sie zu den niederen Weihen, der Vorstufe zur Priesterweihe, nicht zugelassen wurden. Michael wurde zum Sprecher seiner Gruppe und kam prompt in den Ruf, ein Unruhestifter zu sein. Er erhielt Hausverbot und musste nach Deutschland zurückkehren.

Damals wie heute betrachtet er sich als Menschen, der sowohl ein spirituelles Leben als auch ein aktives »weltliches« Leben führt, und es war eine schmerzliche Erkenntnis für ihn, im Orden den Rahmen für ein derart praktiziertes Christentum nicht mehr zu finden. In seiner Gekränktheit wollte er aus dem Orden austreten, aber er entschied, sich selbst noch ein Probejahr zu geben, um nicht übereilt zu handeln. So setzte er sein Studium in einer anderen Stadt fort und entschied sich schließlich nach einem schwierigen Jahr doch, aus dem Orden auszutreten. Mittlerweile war er 27 Jahre alt. In diesen dürren Worten mag das einfach klingen. Es ging aber um einen komplett neuen Lebensentwurf. Solange er im Orden gewesen war, war er finanziell versorgt. Jetzt aber stand er fast mittellos da. Schließlich bekam er ein kleines Stipendium und verdiente neben dem Studium seinen Lebensunterhalt durch Arbeit in einer Werkstatt. In Stichworten benennt er diese Zeit so: »Katastrophale Finanzen, winzige Wohnung, geringer Lebensstandard, aber gute Lebensqualität.«

Die Entscheidung, aus dem Orden auszutreten und nicht Priester zu werden, führte zunächst zu großen Schwierigkeiten mit seiner Mutter. Große Probleme gab es auch bei der Zulassung zur Diplomprüfung in Theologie. Anders als üblich wurde sein Auslandsstudium mit fadenscheinigen Begründungen nicht voll anerkannt, und Michael erfuhr nur inoffiziell, dass der Dekan seines Fachbereichs und sein Vorgesetzter aus dem Orden gute Bekannte waren. Wieder einmal stand er vor einer Mauer, weil er sich selbst treu geblieben war, und wieder einmal musste er die Richtung wechseln.

Er entschied sich, noch ein weiteres Fach und Erziehungswissenschaft zu studieren, um möglichst bald Lehrer werden zu können. Mittlerweile hatte er seine Frau kennen gelernt, und sie heirateten noch während des Studiums. Er hätte gern noch promoviert, aber diesen Plan musste er aufgeben, da er zunächst nicht finanzierbar war. Wieder einmal erlebte er Existenzängste. Das Staatsexamen und die Geburt des ersten Kindes standen bevor. Doch schließlich gab es auch hier wieder eine neue Chance: Zwei Tage vor der Geburt der Tochter wurde er Teilzeit-Lehrer an einem Gymnasium. Er lehnte es ab, beamtet zu werden, da er nie wieder einer Institution gehören wollte. Allerdings blieb er Mitglied der Kirche, auch wenn er in den folgenden Jahren Distanz zu ihr hatte. Erst in den letzten Jahren nähert er sich ihr wieder an, seit er einen Kreis von aktiven Christen gefunden hat, der sich um Asylanten-Familien kümmert.

Nachdem Michael nun zwei Jahre lang mit einem kleinen Einkommen gearbeitet hatte, bekam er das Angebot, an einem Forschungsinstitut in seinem Wohnort mit voller Stelle zu arbeiten und pädagogische Projekte zu begleiten. Auch hier fügte sich also wieder etwas zum Guten. An diesem Institut blieb er viele Jahre. Bei einem der Projekte hatte er mit einem Philosophie-Professor einer anderen Universität zu tun, der von Michaels Arbeit so begeistert war, dass er ihm vorschlug, er solle bei ihm promovieren. Mittlerweile war die Familie gewachsen, Michaels Frau war berufstätig, die Entfernung zur Universität des Doktorvaters war groß, der Stress abzusehen. Und Michael war 46 Jahre alt. Eigentlich brauchte er den Doktortitel nicht mehr, seine Stelle schien ihm auch so sicher. Aber sein Interesse an geistiger Arbeit war immer noch wach und der Professor eine so herausragende Persönlichkeit, dass er dieses Angebot als große Chance für sich selbst sah. Also nahm er neben seiner vollen Berufstätigkeit die Herausforderung an. Mit fast 50 Jahren war er dann schließlich mit der Promotion fertig, und er sieht auch heute noch diese Zeit trotz der immensen Anstrengungen als großes Geschenk.

Und Jahre später sollte sich herausstellen, dass die Mühe durchaus noch einen anderen Sinn hatte: Das Forschungsinstitut, in dem er arbeitete, wurde aufgelöst. Für manch einen käme solch eine Situation einer Katastrophe gleich. Wer mit Mitte fünfzig arbeitslos wird, hat kaum noch eine Chance. Aber Michael war zuversichtlich, dass sich eine Lösung finden würde. Er hatte so viele Veränderungen erlebt, und immer war es weitergegangen. Und tatsächlich: »Wie durch ein

Wunder« erhielt er das Angebot, an ein anderes Universitätsinstitut zu wechseln und jetzt alle seine Fähigkeiten und Kenntnisse in die Lehre einzubringen.
»Hier habe ich nun ein Feld gefunden, das mir nicht nur Spaß macht, sondern wohl auch dem entspricht, wozu ich ›Berufung‹ verspüre«, sagt er über diese Arbeit. Er, der ausgebildete Heimerzieher, Lehrer, Theologe, Erziehungswissenschaftler und Philosoph kann nun seine Erfahrungen an viele junge Menschen weitergeben, die nach dem Studium in sozialen Berufen arbeiten werden. So rundet sich der Lebensweg voller »Umwege« zu einem harmonischen Kreis.
Michaels Frau und er treffen sich regelmäßig in einem ökumenischen Freundeskreis in einer Kirche zur Meditation. Auch hier wird also in einem anderen Rahmen etwas fortgesetzt und entfaltet, das vor vielen Jahren seinen Anfang nahm. *Rückblickend erkennt er einen »roten Faden« in seinem Leben, und er sagt, er habe begriffen, was es heißt, dankbar zu sein und geführt zu werden.*

■ ■ ■

Vielleicht haben Sie beim Lesen der Lebensgeschichten aus dem katholischen Milieu gedacht: »Was soll ich mit diesen Beispielen? Die sind doch viel zu exotisch. Katholische Priester sind doch ein Sonderfall.« Ich habe diese Beispiele bewusst gewählt, weil sie zeigen, wie man selbst aus einer extrem schwierigen Situation heraus (und mit Gottvertrauen?) Lösungswege finden kann. Extrem schwierig ist diese Situation deshalb, weil die ganze Identität, die mit der Institution Kirche verbunden ist, und das ganze eigene Glaubenssystem in Frage gestellt ist. Richtungswechsel in solch einer Lebenssituation gehen psychisch »an die Substanz« und sind darüber hinaus existenziell bedrohlich, weil ja auch der materielle Unterhalt während des Studiums und in der weiteren Perspektive durch die Kirche sichergestellt war. In einer Situation, in der die eigene Persönlichkeit in eine tiefe Krise gerät, auch noch den Lebensunterhalt sichern zu müssen, ist unendlich schwer. Sich selbst dennoch treu zu bleiben ist eine große Leistung.

Beide Theologen haben noch einmal mit einer Ausbildung begonnen und mussten lange Zeit in bescheidenen Verhältnissen leben. Aber sie haben auch die Erfahrung gemacht, dass sich Fügungen und Begegnungen einstellten, die ihnen einen erfüllten Lebensweg schenkten. Beide strahlen große Lebensfreude aus und sind von großer Dankbarkeit erfüllt. Ich finde, das macht Mut, zumal heute Abweichungen von einem einmal eingeschlagenen Weg nicht auf solche Abwehr stoßen wie vor dreißig Jahren. In dieser Hinsicht haben wir es heute sehr viel leichter.

Wenn Ihnen Ihr jetziger Rahmen zu eng ist und Sie unglücklich sind, aber keinen Ausweg sehen, weil da ja schließlich eine Familie zu ernähren ist, geben Sie nicht auf! Johannes, der Arzt, brauchte mehrere Jahre, bis er eine Lösung fand. Er musste sogar mehrere Anläufe nehmen, weil Schicksalsschläge in seiner Familie Rücksicht erforderten und Veränderungen erschwerten. Trotzdem resignierte er nicht und suchte beharrlich nach neuen Möglichkeiten.

Alle Männer in diesen Lebensgeschichten tragen Verantwortung für eine Familie, und dennoch oder gerade deshalb konnten sie ihren Weg gehen: Sie erfuhren auch Unterstützung durch ihre Angehörigen. Alle sind seit mehr als 25 Jahren verheiratet. Man muss also nicht Single sein, um Träume zu verwirklichen!

Deshalb: Bleiben Sie offen für neue Situationen, auch wenn sie Ihnen zunächst als Rückschritt erscheinen. Fallen Sie zumindest in Ihrem Denken gelegentlich »aus dem Rahmen«! Und lassen Sie sich anregen von den folgenden Geschichten, die besonders außergewöhnliche Veränderungen schildern.

6 Boden unter den eigenen Füßen: Der dornig-schöne Weg zur Selbstständigkeit

Von der schwäbischen Dorfschullehrerin zur vielreisenden Management-Trainerin, von der Arzthelferin und Hausfrau zur Webdesignerin mit eigenem Büro (und das als allein erziehende Mutter von vier Kindern!), von der Krankenschwester zur naturheilkundlich orientierten Zahnärztin – die Wege, die von den Frauen in diesem Kapitel zurückgelegt wurden, sind atemberaubend. Dabei ergab es sich eher zufällig, dass sich hier nur Frauen finden. Diese Auswahl war nicht beabsichtigt, und die hier vorgestellten Wege sind nicht automatisch »frauenspezifisch«. Oder vielleicht doch? Die Zähigkeit, mit der sich diese Frauen über Hindernisse hinwegsetzten; die »Dickköpfigkeit«, mit der sie sich nicht abhalten ließen, »gegen alle Vernunft« das Unmögliche zu wagen; das Organisationstalent, mit dem sie die vielfältigen gleichzeitigen Aufgaben bewältigten, all das ist vielleicht doch »typisch weiblich« im besten Sinne. Es ist aber Männern nicht verboten, hier weiterzulesen und sich von diesen starken Frauen Mut machen zu lassen!

Heike R.: Gelungene Balance zwischen Windeln und Web

Heike ist 38 Jahre alt, eine vor Energie sprühende junge Frau, durch deren Fröhlichkeit man ihr nicht anmerkt, welch harte Zeiten sie hinter sich hat. Sie wuchs in einer Kleinstadt auf, in der sie und ihre Verwandten auch heute noch leben. Nur durch diese Bodenständigkeit war ihre Karriere möglich – mehr dazu später. Ihr Vater war Handwerker, ihre Mutter Hausfrau. Sie selbst hat sich als lebhaftes und lustiges Kind in Erinnerung, war viel mit anderen Kindern und ihren beiden Geschwistern zusammen. Sie kann sich nicht erinnern, ob sie als Kind oder als Jugendliche eine Vorstellung von ihrem Beruf hatte.

Wohl eher aus pragmatischen Gründen machte sie eine Ausbildung zur Arzthelferin in einer Praxis in ihrem Heimatort und arbeitete in diesem Beruf fast neun Jahre lang bis zur Geburt ihres ersten Kindes drei Jahre nach ihrer Heirat. Weitere drei Jahre später kam das zweite Kind, die Familie lebte mittlerweile im eigenen Haus, und als dieses Kind ein Jahr alt war, ging Heike halbtags in den Beruf zurück. Ihre Eltern, die ganz in der Nähe wohnen, halfen ihr bei der Kinderbetreuung. Erst kurz vor der Geburt des dritten Kindes wurde Heike wieder Hausfrau, und ein Jahr später wurde das vierte Kind geboren.

In der Zwischenzeit – mit 37 Jahren – hatte sie schon die Arbeit in der Praxis vermisst, vor allem den Kontakt mit anderen Menschen. Sie empfand den Alltag als ziemlich eintönig. »Die vier Kinder nahmen mich zwar voll in Anspruch, aber das i-Tüpfelchen für mich selbst, das auch meine persönlichen Bedürfnisse ausfüllt, das fehlte mir.« Deshalb suchte sie nach Möglichkeiten, von zu Hause aus zu arbeiten, und da ihr Mann arbeitslos war, schien dies auch finanziell sinnvoll. Ein Computer und ein Internet-Anschluss waren da, und aus der Arbeit in der Arztpraxis hatte sie auch schon Erfahrung mit der Arbeit am Computer.

So kam sie auf die Idee, im Internet nach Möglichkeiten zu forschen, wie sie mit Arbeit am Computer Geld verdienen könnte. Aus dem Bekanntenkreis wurde sie auch immer wieder darum gebeten, im Internet etwas zu suchen, und

ursprünglich wollte sie einen Internet-Recherchedienst machen. Dafür wiederum brauchte sie jedoch eine eigene Website, um Werbung machen zu können und für Kunden erreichbar zu sein. Aber eine professionelle Website erstellen zu lassen überschritt ihre finanziellen Möglichkeiten, und so nahm sie sich vor, das erst einmal selbst zu lernen. Sie arbeitete sich also in dieses völlig neue Gebiet ein. Der Entwurf ihrer eigenen Internet-Seite gelang ihr recht gut, und so kam sie auf die neue Geschäftsidee, ein Büro für Webdesign zu gründen.
In den folgenden Monaten besuchte sie etliche Kurse und arbeitete nächtelang, um sich das nötige Handwerkszeug anzueignen, kaufte neue Programme und brachte sich deren Anwendung selbst bei. Wenn sie einmal nicht weiterkam, konnte sie telefonisch einen weit entfernt lebenden Bekannten um Rat bitten.
Es ist schon beeindruckend genug, neben einem großen Haushalt mit vier Kindern dieses Pensum zu bewältigen. Doch ihre Situation wurde zusätzlich schwierig, als ihr Mann psychisch erkrankte. Schließlich brach nach mehreren Klinikaufenthalten die Ehe auseinander. Diese sehr schmerzhafte Lebensphase streift Heike nur kurz, jammern ist nicht ihr Ding. Sie hatte in der Zwischenzeit ein Gewerbe angemeldet und in der heimischen Tageszeitung eine Annonce aufgegeben. Gleich ihr erster Kunde aus dem Nachbarort stellte sich als »Engel im Anzug« heraus. Der gütige ältere Herr, der einen großen Familienbetrieb leitete, war von der mutigen jungen Frau, die noch etwas unsicher die ersten Schritte ins Geschäftsleben unternahm, sehr beeindruckt. Er stellte sich nicht nur als geduldiger Kunde heraus, sondern half ihr auch im Hinblick auf weitere Kontakte und Kunden. Er vermittelte ihr beispielsweise, wie sie sich auf Fachmessen präsentieren kann und gab ihr hilfreiche Tipps, spezielle Geschäftsideen zu entwickeln.

Heike sagt heute von dieser Anfangszeit, sie sei zwar in vielen Details noch unsicher gewesen, aber sie habe keine Angst vor dem Schritt ins Ungewisse gehabt. Wenn man fast am Ende ist, hat man nichts zu verlieren. Sie war vorsichtig mit Investitionen, nahm keinen Kredit auf, sondern kaufte erst einen zweiten Computer und teure Programme, als die ersten Einnahmen ihr Sicherheit gaben.
Anfangs arbeitete sie im Wohnzimmer, mittlerweile konnte sie sich jedoch im Haus ein Büro einrichten. Ihr Alltag sieht jetzt so aus, dass sie dort morgens Routinearbeiten verrichtet, während die kleinste Tochter zu Hause ist. Nebenher lässt sie die Waschmaschine laufen, kocht, macht kleine Pausen, in denen sie mit der Tochter spielt. Die anderen Kinder sind im Kindergarten oder in der Schule. Nachmittags kommt ihre Mutter und ist für die Kinder da, und Heike kann Kundenbesuche machen. Das kombiniert sie oft damit, die Kinder zu deren Terminen zu fahren oder abzuholen. Mittlerweile hat sie einen festen Kundenstamm, dessen Webseiten sie pflegt, und durch Empfehlungen haben sich ihre Aufträge so erweitert, dass sie einen freien Mitarbeiter hinzuziehen musste. Sie kann mittlerweile gut von ihrer Arbeit leben, sitzt aber fast jeden Abend am Schreibtisch, wenn die Kinder schlafen. In der Anfangsphase musste sie manches Mal die Nächte durcharbeiten. Dennoch wollte sie nie aufgeben.
In der knappen »Freizeit« sind Haus und Garten zu versorgen, und sie ist dankbar, dass ihre Eltern noch so rüstig sind und ihr so viel helfen. Ohne ihre Unterstützung hätte sie ihr Geschäft nicht aufbauen können. Sie und ihre Kinder verstehen sich sehr gut mit ihnen, und sie hofft, mit ihren Kindern und Enkelkindern später einmal ein ähnlich gutes Verhältnis zu haben.
Wenn es mit der Selbstständigkeit nicht geklappt hätte, wäre sie in ihren alten Beruf zurückgegangen. Sie ist sicher, sie hätte eine Stelle gefunden, und ich bin es bei ihrer mitrei-

ßend positiven Ausstrahlung auch. Bewusst religiös ist Heike nicht, aber sie ist davon überzeugt, dass »irgendwie alles seinen Sinn hat«. Auch sie hat »zur richtigen Zeit den richtigen Menschen« getroffen, der sie förderte.
Ihr Lieblingsspruch lautet: »Ich weiß nicht, ob es besser wird, wenn es anders wird, aber ich weiß, dass es anders werden muss, damit es besser werden kann.« Was möchte sie von ihren Erfahrungen an andere weitergeben? *»Wenn man etwas dafür tun will, kann man es schaffen und vieles von dem erreichen, was man erreichen will. Man braucht nur etwas Mut und ein bisschen Selbstvertrauen. Das stärkt sich dann von ganz alleine bei den ersten Erfolgen. Ja, und ein Lachen, das braucht man auch.«*

Helga B.: Die Pädagogin aus Leidenschaft. Von der schwäbischen Dorfschule in die Welt der großen Firmen

Helga wurde im vorletzten Kriegsjahr in einer schwäbischen Kleinstadt geboren. Gleich nach dem Krieg gründeten ihre Eltern eine Krankengymnastik- und Massagepraxis, die sich im selben Haus wie die Wohnung der Familie befand. Sie sagt heute, das ganze Leben sei damals von dieser Praxis bestimmt gewesen, da auch die Mutter dort im Büro arbeitete.
Helga erinnert sich genau an ihren frühesten Berufswunsch. Als Kind wollte sie nämlich Hotelsekretärin werden. Auf mein erstauntes Nachfragen hin erzählt sie: Sonntags habe die Familie immer Ausflüge in die Umgebung unternommen, und eines Tages fuhren sie in einen Kurort in der Umgebung. Nach einem langen Spaziergang kehrten die Eltern mit ihr zum Kaffeetrinken in einem Nobelhotel ein. Diese bislang so fremde Welt habe sie sehr beeindruckt, und seither habe sie

davon geträumt, einmal in einem solchen Hotel hinter dem Empfangstresen zu stehen. Sie wollte in der Welt herumkommen und Sprachen lernen und auch in Hotels im Ausland arbeiten. Heute findet sie es eigenartig, dass sie durch ihren Beruf sehr oft in genau dieser Atmosphäre arbeitet, nach der sie sich damals sehnte: Viele ihrer Seminare finden in Hotels der oberen Klasse statt, und sie liebt bis heute diese Umgebung.

Als Jugendliche war Helga in einer evangelischen Jugendgruppe aktiv und wurde mit zwölf Jahren schon Leiterin einer eigenen Gruppe. Diese Erfahrung machte ihr so viel Freude, dass ihr Berufswunsch sich änderte: Sie wollte Lehrerin werden. Ihre Eltern aber hegten ganz andere Pläne für sie, denn sie hatten sie schon als Kind für die Krankengymnastik-Schule angemeldet, damit sie auf jeden Fall mit 16 Jahren dort einen Platz bekäme. Für sie war klar, dass die Tochter die Praxis übernehmen würde, und für diese Ausbildung war die mittlere Reife ausreichend.

Die Schule machte Helga großen Spaß, sie hatte viel Kontakt zu anderen Kindern, aber sie war auch eine »Leseratte«, die schließlich von der Bücherei eine Sperre bekam: Mehr als 24 Bücher pro Woche durfte sie nicht ausleihen. Auch heute ist Lesen immer noch eine ihrer liebsten Beschäftigungen.

Helga musste zu Hause lange um die Erlaubnis kämpfen, Abitur machen zu dürfen. Schließlich intervenierte ein Lehrer bei den Eltern. Bis zum Abitur war dann ihr Berufswunsch, Lehrerin zu werden, akzeptiert. Allerdings musste sie dann wieder darum kämpfen, nicht wie fast alle ihre Klassenkameradinnen an die benachbarte Pädagogische Hochschule, sondern an eine weiter entfernte zu gehen.

Während Helga studierte, starb der Vater mit Anfang fünfzig unter sehr tragischen Umständen. Die Mutter musste um ihre Existenz kämpfen und gab die Praxis auf. Später heiratete sie noch einmal und wurde in dieser Ehe sehr

glücklich. Helga war entlastet und konnte ihren eigenen Weg weitergehen.
Nach dem Studium wurde sie mit 22 Jahren Lehrerin an einer Grundschule in einem kleinen Dorf auf der schwäbischen Alb. Anfangs gefiel ihr dieser Beruf sehr, aber nach einem Jahr graute ihr bei der Vorstellung, ihr ganzes Leben so verbringen zu müssen. Sie schaute sich ihre älteren Kolleginnen an und dachte: »Nein, so will ich nicht werden.« Es war keine Krise, keine verzweifelte Situation, nur die frühe Erkenntnis, dass sie ihr Leben anders verbringen wollte. Sie erzählt mir, das sei später noch öfter so gewesen. Ihr wurde oft klar, was für sie wichtig ist, indem sie eine Situation oder einen Menschen sah und wusste: Nein, so will ich es für mich nicht.
Damals an der Grundschule plante sie, weiterzustudieren und Dozentin für Grundschuldidaktik zu werden. Ihr Schulrat unterstützte sie bei ihrer Beurlaubung von der Schule. Auch ihr damaliger Freund, der dann ihr Ehemann wurde, war von diesen Plänen angetan. Er wechselte gerade sein Studienfach, und zusammen gingen sie nun an eine andere Universität. Helgas Kolleginnen rieten ihr ab, denn sie war ja ein gutes Einkommen gewohnt. Sie aber blieb zuversichtlich. Sie bekam noch ein paar Semester lang ein kleines Stipendium, ihr Mann ebenfalls, und sie suchten beide zusätzlich einen Job. Beide waren handwerklich geschickt, und so konnte viel Geld gespart werden. Kleidung wurde nicht gekauft, sondern selbst genäht. Helga hatte nie – auch in späteren Lebensphasen – das Gefühl, es sei zu wenig da. Wenn es finanziell enger wurde, stellte sie immer ihr Leben dementsprechend um.
Während des Studiums der Schulpädagogik hatte sie an verschiedenen Universitäts-Instituten Stellen als wissenschaftliche Hilfskraft und konnte auf diese Weise Erfahrungen sammeln und Kontakte knüpfen. Mittlerweile zeichnete sich immer mehr ab, dass sie voraussichtlich nicht in das Schulsystem zurückkehren würde.

Ihre Ehe verlief nicht gut, und schließlich wurde sie geschieden. Helga fand nach dem Studium eine Stelle an einem Institut, an dem sie Ausbildungsprojekte für Lehrer mitgestalten konnte, doch nach einiger Zeit suchte sie nach Alternativen. Die Arbeitsbedingungen waren zwar äußerlich in Ordnung, boten jedoch auf Dauer keine inhaltlich befriedigende Perspektive. Sie entschied sich aber, zunächst noch keine neue Arbeitsstelle zu suchen, sondern noch eine Weile auszuharren, um parallel eine Zusatzausbildung zu machen, die ihr mehr Kompetenz in der Gruppenarbeit geben würde. Doch auch diese neue Herausforderung konnte die innere Leere nicht füllen, und sie suchte jetzt ernsthaft nach einer neuen Perspektive.

Ihre Bilanz lautete zusammengefasst so: Sie war nicht ungern Lehrerin gewesen, aber sie hatte eben nicht den Rest ihres Lebens an einer Grundschule verbringen wollen. Ihr machte es Spaß, mit Menschen zu arbeiten. Und sie engagierte sich gern dafür, in Organisationen etwas zu gestalten. Während ihrer Zusatzausbildung hatte Helga schon einige Kontakte zu Firmen geknüpft und dort Seminare im Personalbereich durchgeführt. Welches Berufsbild ließ sich daraus entwickeln?

Mit dieser Frage suchte sie das Gespräch mit einem guten Bekannten im Oberschulamt. Sie entwickelten miteinander einen regelrechten Karriereplan, der vorsah, dass sie zunächst an die Schule zurückginge, sich dann auf eine Stelle als Rektorin an einer Grundschule bewerben würde und schließlich in einigen Jahren im Kultusministerium arbeiten könnte.

Die Firmenseminare, die Helga unter anderem bei einer großen Versicherung geleitet hatte, waren für einen längeren Zeitraum in regelmäßigen Abständen geplant gewesen. An ihrer alten Stelle konnte sie dafür unbezahlten Urlaub nehmen, aber an einer Schule würde das in Zukunft nicht möglich sein. Sie wollte deshalb dem Personalchef der Versiche-

rung in einem persönlichen Gespräch mitteilen, dass sie diese Seminare absagen müsse.
Der aber nahm diese Mitteilung nicht einfach hin, sondern schlug ihr vor, sie solle sich mit ihren Fähigkeiten doch lieber im Trainingsbereich selbstständig machen. Helga aber meinte, sie habe eine »Beamten-Seele«, sie brauche Sicherheit. Die schwierige Situation ihrer Mutter nach dem Tod des Vaters hatte ihr zu denken gegeben. Der Personalchef der Versicherung bot ihr daraufhin einen Vertrag an: Sie könne drei Jahre lang verbindlich eine bestimmte Anzahl Seminare für seine Firma machen, und das Honorar würde ungefähr ihrem bisherigen Einkommen entsprechen.
Dieses Angebot war sehr verlockend, und ihr scheint es aus heutiger Sicht immer noch so, dass sie auch damals zum richtigen Zeitpunkt den richtigen Menschen getroffen habe, wie so oft in ihrem Leben. Allerdings war sie noch ängstlich darauf bedacht, die Möglichkeit der Rückkehr zur Schule zu sichern, und so blieb sie noch während dieser drei Jahre als Lehrerin beurlaubt. Im Nachhinein bedauert sie das, denn genau diese Zeit fehlt ihr nun, um später eine Rente von der Bundesversicherungsanstalt zu bekommen. Andererseits war sie innerlich damals einfach noch nicht so weit, den Schritt in die völlige Selbstständigkeit zu wagen.
Die drei Jahre als »feste freie« Mitarbeiterin der Versicherung stärkten sie in ihrer Kompetenz als Seminarleiterin und Personalentwicklerin, hatten aber zur Kehrseite, dass sie immer mehr zum System dazu gehörte und immer weniger kritisch intervenieren konnte, was jedoch für Veränderungsprozesse in Organisationen unumgänglich ist. So begann sie, sich systematisch um neue Kunden zu bemühen, und seit etlichen Jahren hat sie sehr viele Aufträge. Sie arbeitet als freiberufliche Organisations- und Personalentwicklerin für große Firmen, und ihre Einsatzorte finden sich in allen deutschsprachigen Ländern.

Helga ist den größten Teil des Jahres unterwegs, und das machte ihr in jüngeren Jahren viel Freude. Ihren alten Wohnort hat sie beibehalten, um in diesem wechselvollen Beruf wenigstens eine Konstanz in ihren Freundschaften zu haben. Zunehmend ist sie auch gefragt als Coach für Einzelberatungen, und seit einiger Zeit hat sie dafür ein Büro angemietet. In Zukunft will sie diesen Bereich ausbauen, mehr für Firmen in ihrer Region arbeiten und nicht mehr so viel reisen. So ist also hier innerhalb ihres Tätigkeitsfeldes ein »Richtungswechsel im Kleinen« fällig, der berücksichtigt, dass sie älter geworden ist – sie ist jetzt Mitte fünfzig – und ihr Leben wieder mehr konzentrieren möchte.
Als roten Faden in ihrem Leben sieht sie seit den Zeiten ihrer Jugendarbeit die Frage: Was fördert und was behindert die Entwicklung von Menschen? In den verschiedenen Bereichen, in denen sie gearbeitet hat, war sie immer »Pädagogin aus Leidenschaft«, wie sie sagt, und dabei hat sie gelernt: Wirkliche Veränderungen sind nicht im Schnelldurchgang möglich, sondern es handelt sich um fast therapeutische langsame Prozesse. Und sie rät jedem, der Veränderungen in seinem Leben plant, sich dafür Zeit zu lassen und sich nicht unter Druck zu setzen. Damit unterscheidet sie sich bewusst von ihren Kolleginnen und Kollegen, die als Motivationstrainer in Großveranstaltungen suggerieren, alles sei ganz »easy«. Sie ist der Meinung, dass diese Art der Erfolgsorientierung viel Schaden bei Menschen anrichtet. Krisen sind ein wesentlicher Teil menschlicher Entwicklung, und wer sie wegdiskutiert, behindert ihrer Meinung nach wirkliche Entwicklung. In ihrer Arbeit erlebt sie, dass ihre Auftraggeber eine gewisse »Tiefe« durchaus zu schätzen wissen.
Sie rät Menschen, die ihren Weg suchen, vor allem auf die Balance von Kopf und Herz zu achten. Wenn man in einer Krise ist oder eine neue Orientierung sucht, solle man nicht alles allein schaffen wollen, aber auch nicht wochen- oder monate-

lang Partner oder gute Freunde mit dem Thema nerven. Sinnvoller sei es, sich professionelle Hilfe durch einen Coach oder bei einer tieferen Krise durch einen Therapeuten zu gönnen. Und noch einmal: Man soll sich unbedingt Zeit lassen und sich nicht selbst überfordern!

Ihr Lieblingsspruch macht Mut in schwierigen Situationen: *»Wo aber Gefahr ist, wächst das Rettende auch.«* (*Hölderlin, Patmos*)

Susanne Berthold: Den Kranken auf den Zahn gefühlt. Von der Krankenschwester zur Zahnärztin

Auch Susanne Berthold (ihr richtiger Name) stammt aus einer kleinen Stadt. Ich frage mich mittlerweile, ob bei meinen Interviews diese Häufung von Menschen, die aus kleinen Orten kommen, zufällig ist, oder ob da ein Zusammenhang bestehen könnte. Begabte und vielseitig interessierte Menschen finden in einem kleinen Ort nicht so viele Möglichkeiten selbstverständlich präsentiert und müssen selbst aktiv werden. Und sie erleben vielleicht ihre Umgebung eher beengend als jemand, der in einer Großstadt aufwächst. Susanne Berthold jedenfalls wollte schon in jungen Jahren in eine größere Stadt.

Sie war ein etwas schüchternes Kind, ging gern zur Schule und las viel. Als Kind träumte sie von einem Dasein als Prinzessin oder Königin, als Jugendliche sah sie ihr Berufsziel realistischer: Sie wollte Krankenschwester werden. Einer ihrer Brüder lebte in München, ein entfernter Freund wohnte ebenfalls dort, und eine Bekannte, die ebenfalls Krankenschwester werden wollte, war bereit, auch nach München zu ziehen. Mit der Sicherheit, dann in der großen Stadt schon drei Menschen zu kennen, zog Susanne Berthold also nach

der mittleren Reife und Hauswirtschaftsschule zur Krankenschwestern-Ausbildung nach München. Sie war gerade 17 Jahre alt. Für eine junge Frau, die als Kind schüchtern gewesen war, ein mutiger Schritt!
Nachdem sie einige Jahre als Krankenschwester gearbeitet hatte, fühlte sie sich an ihrer Arbeitsstelle aus verschiedenen Gründen nicht mehr wohl, und sie überlegte, eine neue Stelle zu suchen. Mittlerweile war sie Fachschwester für Anästhesie und Intensivmedizin. Da lernte sie mit 25 Jahren einen Mann kennen, der Lehrer für den zweiten Bildungsweg war. Er ermutigte sie, Abitur zu machen und noch zu studieren. Zunächst lehnte sie das ab, die Vorstellung, noch so lange eine neue Ausbildung zu machen, schreckte sie ab. Sie hatte auch noch kein konkretes Ziel, was sie mit dem Abitur machen könnte. Schließlich aber dachte sie: »Kündigen will ich sowieso, dann kann ich auch gleich ganz was anderes machen.« Existenzängste empfand sie nicht; sie hatte einige Ersparnisse, und sie würde Schüler-Bafög bekommen. Bescheiden zu leben war sie sowieso gewohnt. Sie musste vor allem für die Fremdsprachen viel arbeiten, aber sie hegte niemals Zweifel daran, dass sie es schaffen würde.
Kurz vor dem Abitur wusste sie immer noch nicht, was sie nun studieren wollte. In verschiedenen Gesprächen kam dann die Idee auf, dass Zahnmedizin doch interessant sein müsse. Hier könnte sie mit Menschen arbeiten, und das war ihr wichtig. Naturwissenschaften fand sie interessant, und manuelle Geschicklichkeit hatte sie auch. Sie bewarb sich, hatte aber zunächst wegen des Numerus Clausus noch keine Chance auf Zulassung. Mit einer Haltung des »Schaun-mermal« ging sie an dieses Thema heran und beschloss, dann eben noch eine Weile als Krankenschwester zu arbeiten. Sie bewarb sich jedes Semester aufs Neue, und war von Mal zu Mal mehr enttäuscht, wenn es noch nicht klappte. Andererseits wusste sie, dass die Zeit für sie arbeiten würde. Und sie

wusste immer klarer, dass Zahnmedizin wirklich das war, was sie studieren wollte.
Allmählich war sie auch mehr und mehr frustriert von ihrer Arbeit als Krankenschwester. Sie hatte Abitur gemacht, war fachlich qualifiziert und wollte nicht mehr in dem Widerspruch leben, einerseits als Krankenschwester in der Klinik-Hierarchie nicht viel zu gelten und andererseits bei Operationen eine große Verantwortung übernehmen zu müssen. Ihr Selbstwertgefühl wollte diesen Widerspruch nicht ein Leben lang ertragen müssen.
Schließlich bekam sie den ersehnten Studienplatz, als sie 31 Jahre alt war. Anfangs war wegen dieses Alters unsicher, ob sie noch ein staatliches Stipendium bekommen würde, auch später gab es noch einmal Probleme wegen des Geldes. Susanne Berthold kämpfte sich durch und jobbte in den Semesterferien als Krankenschwester im Nachtdienst. Dennoch wurde es finanziell in der zweiten Studienhälfte knapp. Mit den Kommilitonen fühlte sie sich wohl, einige waren fast in ihrem Alter, und eine Studienkollegin war sogar schon 40, als sie mit dem Studium begann. Das Studium erforderte sehr viel Kraft, aber für sie gab es kein Zurück. Wo vorher etwas als unerträglich erlebt wird, gibt gerade diese Erfahrung oft das Durchhaltevermögen für die Schwierigkeiten, die auch in Veränderungsprozessen unweigerlich auftreten ...
Schon während ihrer Zeit als Krankenschwester hatte Susanne Berthold begonnen, sich für Psychosomatik zu interessieren. Gegen Ende des Studiums stieß sie nun über eine Bekannte auf verschiedene Naturheilverfahren, Akupunktur und Kinesiologie. Immer wieder im Laufe der Jahre waren ihr Menschen oder Bücher begegnet, die sie auf ihrem Weg weiterbrachten.
Mittlerweile hat sie ein Gespür dafür und erlebt fast täglich solche Fügungen. So traf sie bei ihrer Suche nach einer Assistenzstelle bei einem naturheilkundlich orientierten Zahnarzt

auf einen, der den gleichen Namen hatte wie sie. Der wiederum verwies sie auf eine Kollegin, die jemanden suchte. Bei dieser arbeitete sie zwei Jahre und ging konsequent ihren Weg weiter, als es zu größeren Differenzen kam. Sie hatte zwar Angst, zu kündigen, aber sie wagte den Schritt trotz dieser Angst. Irgendwie überstand sie die schwierige Zeit, vor allem mithilfe guter Freunde. Als es aber bei der nächsten Stelle, an der sie umsatzorientiert bezahlt wurde, zu wenig Umsatz gab, geriet sie in eine tiefe Krise. Ihre jahrelange Überarbeitung hatte sie doch viel Kraft gekostet, und als sie in dieser Zeit schließlich im Winter auf Eis ausrutschte und sich verletzte, hatte sie das Gefühl: »Jetzt bin ich ins Aus gerutscht, jetzt muss ich mich völlig neu wieder einbringen.«
Sie beschloss, sich selbstständig zu machen und gezielt eine ganzheitlich orientierte Zahnmedizin anzubieten, in der sie auch alternative Methoden wie die Kinesiologie mit einbeziehen konnte. Seit längerer Zeit schon besuchte sie spezielle Fortbildungen und entwickelte nun ihr eigenes Konzept für die Praxis: Sie will die gesamte Lebenssituation eines Menschen einbeziehen und berücksichtigt deshalb in der Behandlung, zum Beispiel von Kieferproblemen, auch persönliche Probleme der Patienten, die zu ihren Zahnproblemen geführt haben könnten. (Wir kennen das alle: »Zähne zusammenbeißen und durch.«) Bei Patienten, die Angst vor der Zahnbehandlung haben, wendet sie Hypnose an, und es macht ihr Freude, neben den Methoden der Schulmedizin jetzt psychosomatische Aspekte berücksichtigen zu können.
Die letzten Jahre waren voll mit Arbeit, sie arbeitete streckenweise »für zwei«, und mir fällt in unserem Gespräch der Spruch ein: »Ein Selbstständiger ist jemand, der täglich 16 Stunden zu arbeiten bereit ist, um nicht acht Stunden pro Tag für einen anderen arbeiten zu müssen.« Aber trotz aller Rückschläge und Krisen spürt Susanne Berthold eine tiefe Gewissheit, auf dem für sie richtigen Weg zu sein. Eine spirituelle

Lebensorientierung ist ihr in den letzten Jahren immer wichtiger geworden, und sie hat das Gefühl, auf ihrem Weg geführt zu werden. Sie ist jetzt 43, und trotz aller Anstrengungen würde sie alles wieder genauso machen. Nach diesen arbeitsintensiven Jahren aber will sie sich in Zukunft wieder etwas mehr Freiraum für sich selbst nehmen. »Angekommen« ist sie aber noch nicht: Ihr Traum ist ein Heilzentrum, in dem sie eines Tages mit Kollegen aus anderen Bereichen zusammenarbeiten kann.

Was rät sie jemandem, der immer noch unschlüssig ist, ob er eine Veränderung wagen soll oder nicht? *»Wenn er mit seiner Situation unzufrieden oder unglücklich ist, sollte er es tun.«*

7 Jenseits der Schulweisheit: Heil-Werden und Spiritualität

Albert Schweitzer soll einmal gesagt haben: »Wenn eine Idee nicht absurd erscheint, taugt sie nichts.« Nun, was halten Sie von diesen Ideen?

Eine studierte Biologin, die in der Forschung arbeitet und promoviert und zutiefst unglücklich ist, sehnt sich nach einer Arbeit, die den ganzen Menschen sieht. Innerhalb weniger Wochen löst sie ihr bisheriges Leben auf, geht zu einer langjährigen Ausbildung ins Ausland und wird Körpertherapeutin.

Eine Frau, die keinen Beruf erlernt hat und viele Jahre lang als Kindermädchen und Hausangestellte in einer Familie arbeitete, träumt von einer Arbeit, in der sie für sich eine Befreiung von Grenzen erlebt und anderen zu Heilung verhilft, viel Energie hat und sehr gefragt ist. Sie möchte am liebsten arbeiten, bis sie neunzig ist.

Eine Landwirtstochter wird Übersetzerin, holt das Abitur nach, studiert Volkswirtschaft und leitet eine Galerie für japanische Kunst. Für die meisten Menschen reicht dies schon an »absurden Ideen«. Sie aber gibt dann alles wieder auf und entwickelt sich allmählich zu einer Expertin für das chinesische Weisheitsbuch I Ging, gibt Seminare, schreibt und übersetzt selbst Bücher über das I Ging. Schließlich verlässt sie auch noch ihre vertraute Umgebung und zieht in die USA, wo sie mit einer amerikanischen I-Ging-Expertin zusammenarbeitet.

Diese Frauen haben sich von der vermeintlichen Absurdität dessen, was sie als Berufung empfanden, nicht abhalten lassen und haben mit viel Geduld, neuen Ausbildungen und Verzicht auf äußeren Status ihren eigenen Beruf geschaffen.

Alle drei sind sehr bodenständig und »realistisch«, und sie kennen sich in Alltagsdingen bestens aus. Diese Fähigkeiten halfen ihnen, ihre ungewöhnlichen Lebenswege aus dem Stadium der vagen Ideen in konkrete Projekte umzusetzen und ein von innen heraus erfülltes Leben zu führen. Alle drei machten ebenfalls die Erfahrung, dass ihnen zum richtigen Zeitpunkt die richtigen Menschen und Hinweise begegneten: »Wenn der Schüler bereit ist, kommt der Lehrer«, sagt eine taoistische Weisheit.

Gabi B.: Von der seelenlosen akademischen Biologie zum Einklang in der Leib-Seele-Ganzheit

Gabi kommt aus einer großen Familie und wuchs am Rande einer ländlichen Kleinstadt auf. In der Nähe gab es einen Wald. Tiere und Pflanzen gehörten immer zu ihrem Lebensumfeld, und sie nahm sich schon als Kind der kranken Tiere und Pflanzen an. Sie stellte sich immer vor, dass sie später mal in einem Forsthaus leben würde. Ihr kindliches »Berufsziel« hieß: »Ich will Förstersfrau werden.« Ihre Freizeit verbrachte sie bis in ihre Jugendzeit hinein am liebsten mit Hunden sowie mit anderen Kindern in Wald und Feld. Ihre Eltern hätten sie später am liebsten als Zahnärztin gesehen, und auch sie spielte während der Schulzeit mit diesem Gedanken. Ihr war es dann aber ganz recht, dass der Numerus Clausus nicht ausreichte, und so studierte sie Biologie.
Schon während des Studiums fühlte sie eine vage Unzufriedenheit, konnte sie aber damals nicht genau benennen. Aus heutiger Sicht sagt sie, sie habe unter der Spaltung in wissenschaftlicher Biologie und »ihrer« Biologie gelitten. Sie, die Naturliebende, verlor in der akademischen Biologie das Gefühl des Aufgehobenseins in der Natur. Dennoch hielt sie durch,

und als ihr nach dem Diplom eine Promotion angeboten wurde, nahm sie dieses Angebot an, da es um angewandte Forschung für eine Krankheit ging, und sie dachte, dieses Projekt sei nützlich für kranke Menschen. Sie war dann aber in diesem Projekt gezwungen, Tierversuche zu machen, und sie sagt heute – mehr als 25 Jahre später noch –, daran sei sie fast zugrunde gegangen.

In ihrer Verzweiflung sprach Gabi schließlich mit einer Nachbarin, die zufällig (?) früher im gleichen Internat gewesen war wie sie. Diese erzählte ihr, sie habe eine ihrer früheren Erzieherinnen von dort getroffen, und die habe noch mit 55 eine Ausbildung in Eutonie gemacht, einer Körpertherapie, bei der es um Harmonie von Körper und Seele geht. Vielleicht sei dies eine Alternative für Gabi?

Hier finden wir fast eine doppelte Fügung: Gabi trifft einen Menschen, der einen ähnlichen Hintergrund wie sie hat, und dieser Mensch hat eine gemeinsame Bekannte nach vielen Jahren wiedergetroffen, und diese Bekannte kann vielleicht weiterhelfen. Gabi schrieb also an diese ihr bekannte Frau einen Brief und erhielt weitere Informationen über diese Ausbildung im Ausland. Was sie dort erfuhr, schien genau das zu sein, wonach sie sich sehnte. Fast zeitgleich erfuhr sie von anderen Bekannten, dass sie genau in diesen Ort ziehen wollten, an dem sich das Ausbildungsinstitut befand. Also noch einmal eine merkwürdige Fügung.

Nachdem so lange alles stagniert hatte, dass Gabi schon keinen Ausweg mehr sah, kam nun fast von selbst Bewegung in ihr Leben. Sie besuchte das Ausbildungsinstitut, beschloss, nachdem sie sich eingehend informiert hatte, diese neue Ausbildung zu machen, bewarb sich kurzerhand und wurde angenommen. »Alle Lösungswege flogen mir zu, nachdem ich erst einmal den Beschluss gefasst hatte«, sagt sie. Die Ängste waren vor der Entscheidung sehr stark, aber nach der Entscheidung verschwunden. Sie beantragte ein Stipendium und bekam es, und obwohl es nur 700 DM Förderung bei 400 DM Schulgeld waren, wagte sie den Sprung. Sie kündigte Arbeitsstelle und Wohnung, verkaufte einiges, und vier Monate nach dem Höhepunkt der Krise war sie im Ausland und begann mit 29 Jahren die neue dreijährige Ausbildung. Ihre Eltern waren von den Plänen der Tochter gar nicht begeistert, denn sie hatten sie in ihrer Phantasie schon als Professorin an der Universität gesehen. Einige Freunde waren entsetzt, und eine Freundschaft zerbrach sogar.

Gabi war seit etlichen Jahren finanziell von den Eltern unabhängig und wollte dies auch bleiben, obwohl sie wohlhabend waren. Also ging sie putzen und finanzierte ihr Leben selbst. Die Ausbildung war sehr anstrengend und forderte sie auch persönlich sehr. Dennoch hielt sie durch, denn sie war sich trotz aller Krisen sicher, auf dem richtigen Weg zu sein. Nach dem Examen kehrte Gabi nach Deutschland zurück und eröffnete eine eigene Praxis, in der sie Einzelbehandlungen durchführte. Außerdem leitete sie viele Seminare. »Ich hatte meine Berufung gefunden.« Fast 20 Jahre lang arbeitete sie so mit viel Energie und sehr erfolgreich und half vielen Menschen, ihren eigenen Heilungsweg zu finden. Ihre Entscheidung, die Biologie zu verlassen, hat sie nie bereut.

Mittlerweile aber ist sie seit vielen Jahren verheiratet und hat Kinder und Haustiere, für die sie mehr Zeit haben möchte. Außerdem ist sie mitten in den Wechseljahren und stellt fest, dass sie nicht mehr so viel Energie wie früher für andere Menschen übrig hat. Sie ist seit einiger Zeit nach Sitzungen oft ausgelaugt, und sie vergleicht dies mit der Tätigkeit von Heilern in primitiven Kulturen. »Ich übernehme sozusagen die Schmerzen der anderen, manchmal wortwörtlich, und das ist auch mit noch so viel Supervision nicht zu ändern.« Nachdem sie nun so lange als Therapeutin mit Menschen gearbeitet hat, spürt sie seit einiger Zeit wieder die uralte Sehnsucht nach der Arbeit mit Tieren. Außerdem meldet sich

nach diesen vielen Jahren voller Termine das Bedürfnis, »mal wieder richtig Langeweile« zu haben. Lange Weile, Zeit, in der etwas reifen kann.
Nach einer heftigen Krise, in der sie auch die Wechseljahre sehr intensiv erlebte, reduzierte Gabi mit Anfang fünfzig ihre Termine, um mehr Raum für Neues zu haben. Denn auch wenn man früher im Leben konsequent einen Richtungswechsel vorgenommen hat, kann es sein, dass diese Phase irgendwann wieder zu Ende ist und etwas Neues sich meldet, oder aber ein altes Thema erwacht in neuer Form zum Leben. Insbesondere bei spirituell orientierten Menschen findet stetige Entwicklung statt, und das kann selbst in späteren Jahren noch einmal einen Richtungswechsel notwendig machen. Selbst wenn man »krisenerfahren« ist, gehört jedes Mal von neuem großer Mut dazu, dem ins Auge zu schauen, was einen bewegt und auch ängstigt.
Die Wechseljahre können einen erneuten Wandel gerade in »gebenden Berufen« notwendig machen, da die veränderte körperliche und seelische Kraft neue Lebens- und Arbeitsformen erfordern kann, in denen die zu kurz gekommenen eigenen Bedürfnisse mehr Lebensraum erhalten. Das bedeutet nun nicht, dass die frühere Entscheidung zum Richtungswechsel falsch gewesen wäre. Sie war damals richtig, so wie es heute richtig sein kann, wiederum einen neuen Schritt zu tun. Deshalb würde auch Gabi aus heutiger Sicht nichts in ihrem Leben anders machen, und sie sieht ihre damalige Wende als »unbedingt richtig« an.
Gabi weiß noch nicht, wohin dieser neue Umbruch sie führen wird. Sie fühlt, dass es wieder um das Thema Natur geht, aber immer noch in anderer Form als in der akademischen Biologie. Sie besuchte zur Orientierung Vorlesungen in anderen Fächern, spürte aber auch dort: Sie will nicht sezieren und analysieren. Ihr geht es um die Liebe zur Natur, nicht um Wissenschaft.

Eine ihrer »absurden Ideen« ist: Sie möchte in irgendeiner Form mit Tieren arbeiten. Auch Religion wird ihr immer wichtiger. Sie hat das Gefühl, eine Metamorphose durchzumachen, »von einer Schale in die nächste, und dann ist da immer noch eine Schale, und die nächste schimmert schon durch. Wenn es einem gegeben ist, darf man vielleicht immer wieder eine alte Schale abwerfen und sich zu einer neuen häuten.«

Wir erinnern uns: Auch die Raupe des Schmetterlings häutet sich mehrere Male, ehe sie sich verpuppt, und der Schmetterling wirft schließlich die Schale der Verpuppung ab ...

Rückblickend auf die letzten 25 Jahre rät Gabi jedem, der einem tiefen inneren Sehnen folgen möchte: *»Nur zu – solange es keinem anderen schadet!«* Unsere eigene Selbstverwirklichung findet ihre Grenze dort, wo jemand anderer einen zu hohen Preis dafür bezahlen muss.

Ihr Mann würde sie bei einem neuen Richtungswechsel unterstützen, aber sie kann sich noch nicht mit dem Gedanken anfreunden, so völlig abhängig zu sein. Dieses Thema taucht übrigens in vielen dieser Lebensgeschichten auf. Ich denke aber, es ist ein Unterschied, ob man als Erwachsener »den Eltern auf der Tasche liegt« bzw. sich auf Kosten des Partners verantwortungslos verhält oder ob man eine Ehe als eine Lebensgemeinschaft sieht, in der beide füreinander einstehen und in der man auch die Hilfe des anderen annehmen kann, wenn dieser sie anbietet.

Birgit G.: Vom ausgenutzten Kindermädchen zur energiegeladenen Yogalehrerin

Birgits Familie lebte in ihren ersten Lebensjahren Anfang der 1950er-Jahre auf einem großen Bauernhof, der den Eltern ihres Vaters gehörte und den dieser später erben sollte. Die Großmutter lehnte Birgits Mutter jedoch ab, und nach vielen Streitigkeiten verließ die Familie den Hof und zog in eine Großstadt. Der Vater arbeitete auf dem Bau, die Mutter versorgte den Haushalt und die zwei Kinder. Birgit war schon als Kind sehr verantwortungsbewusst und passte oft auf andere Kinder auf. Sogar wenn in der kleinen Volksschule eine Lehrerin ausfiel, wurde sie oft als Aufsicht für die jüngeren Klassen eingesetzt. Eines ihrer liebsten Spiele war, aus Versandhauskatalogen Figuren auszuschneiden und damit »Lehrerin und Schüler« zu spielen.

Sie wollte Kinderkrankenschwester oder Lehrerin werden, aber nach Beendigung der Schule mit 14 Jahren durfte sie keine Ausbildung machen. Der Vater war der Meinung, sie würden ja später auf den Bauernhof zurückkehren, und da könne sie dann mitarbeiten, und die Mutter hatte keine Meinung zu dem Thema. »So wurde ich als Haushaltshilfe und Kindermädchen in eine reiche Familie gesteckt«, beschreibt Birgit ihre »Berufswahl« mit 14 Jahren. Selbst noch fast ein Kind, ging ihr Arbeitstag jeden Tag bis spät abends, insbesondere, wenn die Familie Gäste hatte. Nur alle zwei Wochen hatte sie einen Sonntag frei und konnte ihre eigene Familie manchmal besuchen. Sie wohnte bei der fremden Familie, und selbst nachts musste sie aufstehen, wenn eines der drei Kinder aufwachte, für die sie voll verantwortlich war. Sie fühlte sich als Aschenputtel, ausgenutzt und ungeliebt, und Selbstwertgefühl war etwas, was in ihrer Welt nicht vorkam. Wenn man Birgit heute als energiesprühende Frau erlebt, kann man sich das kaum vorstellen.

Als Birgit 15 Jahre alt war, starb der Vater an den Folgen eines Verkehrsunfalls. Sie wollte wieder zurück nach Hause, aber die Mutter ließ das nicht zu. Der Bruder wurde mehr als sie gefördert – er durfte nicht nur eine Ausbildung machen, sondern auch noch die Meisterschule besuchen. Er gründete später seine eigene Firma, war beruflich und finanziell sehr erfolgreich, verließ aber später seine Frau unter so lieblosen Umständen, dass Birgit den Kontakt zu ihm auf ein Minimum reduzierte. »Ich wollte aus dieser negativen Energie raus.«

Birgit blieb zehn volle Jahre in der anderen Familie, obwohl sie so unglücklich war. Sie sah keine Alternative, um ihren Lebensunterhalt zu verdienen, und vor allem traute sie sich selbst nicht zu, etwas anderes zu lernen. Allerdings wurde sie von den Kindern so geliebt, dass sie noch heute, wo diese längst erwachsen sind, von ihnen und deren Kindern besucht wird.

Als sie ihren Mann kennen lernte, war er Student, und sie fühlte sich anfangs auch ihm und seinen Freunden unterlegen. Allmählich aber stieg ihr Selbstbewusstsein. Sie heirateten, das erste Kind kam, und sie zogen in das Haus der Schwiegereltern. Birgit verließ ihre »Arbeitgeber-Familie«, arbeitete jetzt halbtags in der Firma des Schwiegervaters im Büro, und äußerlich schien diese Lebenssituation perfekt zu sein. Innerlich aber war Birgit auch damit sehr unglücklich und suchte nach einem Lebensinhalt, der sie mehr ausfüllte. Eine Freundin nahm sie mit in eine Yogagruppe des örtlichen Turnvereins, und sehr früh wusste Birgit: »Das ist es!« Sie hatte vorher noch nie von Yoga gehört, aber jetzt war sie von neuer Energie beflügelt, las viele Bücher, besuchte weitere Kurse und nach einiger Zeit auch Fortbildungsseminare. Aber sie traute sich immer noch nichts Neues zu, obwohl sie davon träumte, mit Gruppen zu arbeiten statt im langweiligen Büro des Schwiegervaters. Sie musste Geld verdienen, basta, und die Kurse waren auch sehr teuer.

Ein Freund ermutigte sie schließlich, doch selbst Kurse zu geben, und ihr Mann unterstützte sie darin. »Auf einmal hatte ich meinen Weg.« Zwei Jahre, nachdem sie selbst an ihrem ersten Yogakurs teilgenommen hatte, gab sie selbst ihren ersten Kurs als Lehrerin. »Ich war sehr glücklich und spürte neue Lebenskraft.« Zunächst arbeitete sie noch weiter im Büro, jetzt allerdings mit dem Ziel, das Geld für die Ausbildungsseminare zu verdienen. Nach einigen Jahren aber war Birgit als Kursleiterin und für Einzeltermine so gefragt, dass sie im Büro aufhören konnte.

In der Zwischenzeit zog die Familie auch in ein eigenes kleines Haus ein, welches sie mit viel Eigenarbeit herrichteten. Dennoch ist der Lebensstandard eher bescheiden, da Birgit sich ständig weiterbildet und das Studium der mittlerweile erwachsenen Tochter bezahlt werden muss. Aber Luxus ist weder Birgit noch ihrem Mann wichtig – wichtig ist ein zufriedenes Leben mit einer spirituellen Orientierung. Seit mittlerweile 25 Jahren sind nun Birgits Gruppen immer voll belegt, und sie hat nicht mehr genügend Einzeltermine frei, obwohl sie überhaupt keine Werbung macht. »Wenn jemand mich finden will, findet er mich.« Obwohl sie so viel arbeitet, ist ihre Gesundheit jetzt mit Mitte fünfzig besser als früher, und sie fühlt sich selten müde oder gar ausgelaugt.

Dabei pflegt sie seit einiger Zeit ihre kranke Mutter, die in der Nähe wohnt. In einem sehr schmerzlichen langen Prozess hat sie ihr vergeben können, und sie sieht auch das Schwere, das sie in jungen Jahren erlebte, als eine wichtige Erfahrung an, die dem, was sie jetzt macht, Substanz gibt. Auch ihr Mann ist innerlich einen ähnlichen Weg gegangen wie Birgit, aber er blieb in seinem alten Beruf. Zusammen haben sie sich in nunmehr fast 33 Jahren weiterentwickelt. Und rückblickend hat Birgit sich ihre beiden Berufswünsche schließlich doch in abgewandelter Form erfüllt: Sie wollte Kinderkrankenschwester werden und hilft nach den früheren Jahren

als Kindermädchen jetzt erwachsenen, oft kranken Menschen, gesund zu werden. Sie wollte Lehrerin werden und ist jetzt Yogalehrerin. »Ich würde aus heutiger Sicht alles noch einmal so machen, denn alles, was ich erlebt habe, waren Bausteine für diesen Weg.«
Birgit möchte hundert Jahre alt werden und bis neunzig arbeiten. Ihr Rat an andere: *»Höre auf dein Gefühl und lass dich leiten. Hole dir Hilfe und Unterstützung bei den Menschen, zu denen du Vertrauen hast.«*

Hanna Moog und das I Ging: Mehrere Berufe und eine klare Berufung

Hanna wurde nach dem Krieg in der Tschechoslowakei geboren, und die Familie kam als Flüchtlinge Ende der 1940er-Jahre nach Deutschland. Die Eltern gründeten eine neue Existenz in der Landwirtschaft. Geburt und Tod lagen in der Tierzucht dicht beieinander, und Hanna musste oft helfen, auch im Schlachtraum beim Ausnehmen und Rupfen von Geflügel. Als Kind wollte sie Diakonisse werden, als Jugendliche »eine Heilige«. Ihre Mutter wollte, dass sie etwas Praktisches lernte, ihr Vater nahm keinen Einfluss. Mit 16 Jahren verließ Hanna das Gymnasium und ging als Au-Pair-Mädchen nach England. Dann folgte ein Jahr Höhere Handelsschule, und mit 18 Jahren wurde Hanna erneut Au-Pair-Mädchen, diesmal in Frankreich. Sie sagt heute, arbeiten und lernen seien ihre Hauptbeschäftigungen gewesen, und anders habe sie es auch von ihren Eltern nicht gekannt. »Alles drehte sich um den Lebensunterhalt und das Fortkommen.«
Hanna wusste nicht, was sie werden wollte. »Eine Heilige zu werden ist ja kein Beruf!« Schließlich wurde sie auf Anregung ihrer Mutter Fremdsprachenkorrespondentin, merkte aber

schon bald, dass sie sich intellektuell unterfordert fühlte. So holte sie – nach dem Abschluss der Ausbildung – auf dem Abendgymnasium das Abitur nach und jobbte nebenher. Dabei kamen ihr ihre praktischen Kenntnisse im Büro sehr zugute. Was hier in wenigen Worten zusammengefasst ist, war eine intensive und anstrengende Lebensphase, die bis zum 25. Lebensjahr dauerte.

Sie studierte Volkswirtschaft, also durchaus ein »nützliches« Fach. Mit 24 heiratete sie einen Studenten, dessen großer Traum es war, eine Galerie für ostasiatische Kunst zu eröffnen. Zusammen schafften sie es tatsächlich, diesen Traum zu verwirklichen, und Hanna sorgte neben dem Studium durch ihre Bürojobs für die finanzielle Grundlage. Nach dem Studium arbeitete sie dann fünf Jahre lang ganz in der eigenen Galerie. Alles in allem hatte sie nun vom 16. bis zum 35. Lebensjahr immer hart gearbeitet.

Allmählich fühlte sie sich aber seit dem 34. Lebensjahr immer stärker körperlich und seelisch erschöpft. Hanna hatte unendlich viel Energie investiert, um den Traum ihres Mannes zu verwirklichen, sie sorgte jahrelang für den geschäftlichen Teil der Galerie und es blieb ihr kaum noch Zeit für ein Privatleben. Die Sehnsucht nach einem Lebensinhalt, der sie selbst erfüllen würde, wuchs immer mehr.

Sie suchte Hilfe bei einem Freund. In den Gesprächen mit ihm wurde ihr klar, dass sie sich nie gestattet hatte, auch einmal ohne praktischen Nutzen etwas zu tun. Selbst die Abende und die Wochenenden waren immer mit Arbeit oder Lernen gefüllt gewesen. Konfrontiert mit der Frage, welche Tätigkeit ihr denn Freude machen würde, tat sich ein »tiefes Loch« in ihr auf. Hanna beschloss, endlich etwas für sich zu tun, und sie besuchte Gruppen für Gestalttherapie und Traumarbeit. Schließlich trennte sie sich von ihrem Mann, arbeitete aber noch eine Weile weiter in der Galerie. Gesundheitlich ging es ihr schlecht, und als sie die Galerie endgültig verließ, spitzte sich dies zu. Sie wusste lediglich, dass es so nicht weitergehen konnte, aber noch nicht, wie dann. »Es war eine schlimme Zeit.« Dennoch gab es kein Zurück mehr. Hannas größte Sehnsucht war, einmal ein paar Monate nicht arbeiten zu müssen. Sie meldete sich arbeitslos, bekam aber umgehend aufgrund ihrer Ausbildungen und Berufserfahrungen eine Stelle angeboten. Ihr blieben fünf Tage, um sich zu entscheiden, und genau in diese Zeit fiel eine Sitzung ihrer Gestalttherapie-Gruppe. Hanna setzte sich intensiv mit den beiden Alternativen auseinander: Im Vertrauten bleiben und sich anpassen, dafür aber auch materielle Sicherheit haben. Oder die Ungewissheit wählen, sich Zeit lassen, um herauszufinden, was ihr wirklicher Lebenssinn war. Wie könnte das konkret aussehen? Drei bis vier Monate reisen. Wie ließe sich das finanzieren? Indem sie einige Sachen verkaufte.

Einige Zeit zuvor hatte Hanna das *I Ging* geschenkt bekommen, das chinesische Orakel- und Weisheitsbuch. Nach der Gruppensitzung befragte sie dieses zusätzlich, weil sie immer noch nicht sicher war. Die Antwort war das Hexagramm 43, »Der Durchbruch« (Die Entschlossenheit). Ein Teil des Textes in der Ausgabe von Richard Wilhelm dazu lautet: »Das Zeichen bedeutet einerseits einen Durchbruch nach lange angesammelter Spannung, wie den Durchbruch eines geschwellten Flusses durch seine Dämme ... durch eine entschlossene Aktion kommt eine Veränderung der Verhältnisse zum Durchbruch ...«

In einer anderen Ausgabe des I Ging (R.L. Wing) fand sie den Text: »...Verkünden Sie Ihre Entschlossenheit, alte Anschauungen über Bord zu werfen und mit neuen Ideen zu experimentieren.« Hanna Moog beschreibt ihre Reaktion in ihrem Erfahrungsbericht, den sie später veröffentlichte: »Der Bann war gebrochen. Es gab kein Zurück in die geordnete Sicherheit. Die Hauptentscheidung war gefallen. Ich war wie erlöst. Ich konnte wieder lachen. Nun gab es keinen einzigen Mo-

ment des Zögerns mehr. Alle meine Sinne waren plötzlich auf das Neue gerichtet« (in Diederichs 1984, S. 237).
Innerhalb kurzer Zeit schaffet sie es, alles zu organisieren, um mit Mitte dreißig für vier Monate auf Rucksackreise zu gehen. Damit war natürlich noch nicht die Frage beantwortet, was sie mit ihrem Leben anfangen wollte. Sie nahm als einzige Lektüre das I Ging mit. Die intensiven Erfahrungen dieser Reise, das Suchen, die Erkenntnisse während vieler einsamer Wanderungen, in denen sie auch auf Irrwege geriet, beschreibt sie in ihrem Bericht ausführlich. Am Ende der Reise hatte sie noch immer kein konkretes Berufsziel vor Augen und machte sich Vorwürfe. Hatte sie die Zeit sinnlos vergeudet? Sie befragte erneut das I Ging: »Wie soll ich in der Berufsfrage weiter vorgehen?« Hier lautete die Antwort (Hexagramm 5, *Das Warten*) u.a.: »Das Warten ... wenn du wahrhaftig bist, so hast du Licht und Gelingen. Beharrlichkeit bringt Heil. Fördernd ist es, das große Wasser zu durchqueren ... Das Warten ist kein leeres Hoffen. Es hat die innere Gewißheit, sein Ziel zu erreichen.«
Diese Antwort stimmte mit ihrem Gefühl überein, dass die Zeit noch nicht reif war, um weit reichende Entscheidungen zu fällen. Das Warten war sinnvoll, keine vertane Zeit. Ganz bewusst entschied Hanna sich jetzt, einerseits ihren Lebensunterhalt mit dem, was sie konnte, zu verdienen, und andererseits weiter nach ihrer Berufung zu suchen. Also arbeitete sie halbtags als Sekretärin und Übersetzerin. Über verschiedene Kontakte bekam sie später das Angebot, als Lektorin und Übersetzerin für eben jenen Verlag, in dem das I Ging von Richard Wilhelm erscheint, freiberuflich zu arbeiten, und sie veröffentlichte dort schließlich sogar ihr erstes eigenes Buch (1996). Parallel dazu arbeitete sie insgesamt sieben Jahre halbtags als Sekretärin. Erst danach wagte sie es, ganz in die Freiberuflichkeit umzusatteln. Dabei übersetzte sie unter anderem auch Bücher über das I Ging aus dem ameri-

kanischen Englisch. In dieser Zeit begann sie auch, Vorträge und Seminare über das I Ging zu halten.
Vor einigen Jahren nun ergab sich durch ihre Zusammenarbeit mit der amerikanischen I Ging-Expertin und Verlegerin Carol Anthony die Möglichkeit, in den USA an neuen Projekten zum I Ging zu arbeiten. Hanna siedelte um in die Nähe von Boston, und der bildlich gemeinte Spruch des I Ging vor vielen Jahren: »Fördernd ist es, das große Wasser zu durchqueren« fand nun seinen wortwörtlichen Sinn. Rückblickend wird deutlich, dass auch die frühere Ausbildung als Fremdsprachenkorrespondentin im Hinblick auf die jetzt gelebte innere Berufung wichtig war: Durch ihre Übersetzung amerikanischer I Ging-Bücher ergab sich die Zusammenarbeit mit Carol Anthony, und zusammen halten sie nun in Deutschland und in den USA regelmäßig I Ging-Seminare. So durchquert Hanna nun »das große Wasser« mehrmals im Jahr bei dem Ausleben ihrer wahren Berufung: Das I Ging zu erforschen und den Menschen im Westen nahe zu bringen. Hanna sagt von ihrem jetzigen Leben: »Was ich erlebe, ist erfüllender als meine kühnsten Träume.«
Ihr Rat an andere Menschen, die ihrem Leben eine neue Richtung geben wollen: *»Ich würde ihm/ihr raten, sich nicht auf eine äußere Richtungsänderung zu beschränken, nicht eine Sache gegen eine andere auszutauschen. Die wichtigste Änderung muss meines Erachtens in der Einstellung zur eigenen, inneren Wahrheit stattfinden. Sie ist die einzige Instanz, die weiß, worin die betreffende Person Erfüllung finden kann. Die eigene, innere Wahrheit ist in Harmonie mit der Natur.«*

Der Weg ist das Ziel – aber wo, bitte schön, ist die Landkarte?

Vielleicht haben Sie beim Lesen der spannenden Veränderungsgeschichten schon einige »Aha-Erlebnisse« gehabt, waren elektrisiert bei einigen Ideen, die Ihre eigenen sein könnten, und entdeckten Ziele, die Sie sich auch für sich selbst vorstellen könnten. In der Zusammenfassung und rückblickend wirken all die Erfahrungen der genannten Personen zielstrebig und wie von einer inneren Logik durchzogen. Aber Ihre eigene Situation erscheint Ihnen immer noch wie ein Chaos? Dann bedenken Sie: Auch den meisten erfolgreichen »Richtungswechslern« erging es zeitweise so. Alle kennen diese dunklen Stunden der Verwirrung und Verzweiflung, der Hoffnungslosigkeit, der Orientierungslosigkeit. Und alle machten eine ähnliche Erfahrung: Einfach nur abwarten und passiv bleiben, half nicht weiter; aber ebenso wenig half es, verbissen eine Änderung herbeiführen zu wollen. Der Erfolg bei allen hier geschilderten Lebenswegen kam durch die Bereitschaft, selbst Zeit, Energie und Arbeit zu investieren, und gleichzeitig durch die Gelassenheit, auf die richtigen Begegnungen und Hinweise zu vertrauen.

Sich zu verändern führt nicht automatisch zum »Glück«, sondern kann ein sehr schmerzhafter und anstrengender Prozess sein. Vor allem aber ist es ein zeitaufwendiger Prozess, der sich oft über Jahre hinzieht. Und auch wenn Sie jetzt vielleicht sehnsüchtig darauf warten, dass ich Ihnen einen Wegweiser an die Hand gebe, der Sie Ihren eigenen Weg entdecken und gehen lässt (spüren Sie, wie paradox das ist ...?) – gedulden Sie sich!

Ein türkisches Sprichwort sagt: »Willst du ein fernes Ziel erreichen, reite langsam.« Wir sollten unsere Kräfte nicht verausgaben, indem wir vorpreschen, sondern sie gemächlich und geduldig einteilen. Gerade wenn wir Geduld üben und uns Zeit nehmen, befinden wir uns schon auf dem Weg der Veränderung! Davon handelt das nächste Kapitel.

8 Veränderungen brauchen Zeit: Vom kreativen Trödeln, Umwegen und Pausen

»Jeder von uns hat seinen persönlichen Traum. Darüber sind jedoch viele Schichten von Ängsten, Pflichten, Vorurteilen gelegt. Man muß nun beginnen, ein Loch durch diese dicke Schicht zu graben. Fähig dazu ist man aber erst, wenn man das Kind in sich entdeckt und ihm traut. Und wenn man verlorengeht, beginnt man am besten erst einmal zu laufen, denn es führen wirklich alle Wege nach Rom.« (Paulo Coelho, 2000)

Als Kinder haben wir natürlich keinen Traum, der lautet: »Ich möchte Webdesignerin werden«, »Ich werde Yogalehrerin«, »Ich werde Kabarettist«, »Ich werde Zahnarzt«, »Ich werde Management-Trainer« – aber wir haben vielleicht schon allgemein eine Vorstellung davon, was wir uns für unser Leben wünschen: mit Menschen zusammen sein, viele Kinder haben, in einem (Forst)-Haus auf dem Lande leben, Tieren helfen. Vielleicht gibt es aber auch jetzt im Erwachsenenalter noch diese »kindliche« Schicht, die zwar nicht die gleichen Wünsche wie früher beinhaltet, aber immer noch »naive« Sehnsüchte, die bisher gefangen waren. Sich durch die Schichten von Ängsten und Vernunft zu diesen Sehnsüchten hindurchzuarbeiten, ist ein Prozess, der im Lärm des Alltags, im Funktionieren und in der Termin-Hetze nur schwer möglich ist. Wenn wir unsere meist leise innere Stimme hören wollen, müssen wir »in uns hineinhören«, und dafür brauchen wir Stille und Muße.

Sie meinen, das sei ein Luxus, den Sie sich nicht leisten können? Sie haben keine Zeit, und Ihre Umgebung würde Ihnen

auch nie das Recht zubilligen, so egoistisch zu sein? Seiner Berufung zu folgen ist aber kein »Ego-Trip«, sondern Erfüllung eines liebevollen Auftrags: »Der Mensch ist ... ins Leben gerufen, und wenn er ins Leben tritt, trägt und findet er in sich das Abbild dessen, der ihn gerufen hat. Die Berufung ist die Einladung Gottes, sich entsprechend diesem Bild zu verwirklichen, und sie ist einzig, einmalig und unwiederholbar, weil dieses Bild unerschöpflich ist. Jedes Geschöpf ist berufen, diese Botschaft und einen besonderen Aspekt des Gedankens Gottes zum Ausdruck zu bringen.« (P. Willibrord Driever)
Auch wenn Sie nicht religiös sind, überlegen Sie einmal, dass es noch niemals einen Menschen wie Sie gegeben hat und niemals wieder geben wird. Sie sind unverwechselbar, und Ihr Leben ist einzigartig. Ist es da nicht vorstellbar, dass es etwas gibt, was nur Sie verwirklichen und für diese Welt tun können?

Berufung ist keine Einengung, sondern Befreiung, und sie erfolgt in vielen kleinen Hinweisen, Begegnungen, alltäglichen Anlässen. Sie müssen aber entdeckt werden. Deshalb könnte der erste Schritt zum Finden der eigenen Richtung die Bereitschaft sein, »zu werden wie die Kinder« – das heißt, vorurteilslos alles zu betrachten, was uns begegnet, zu staunen und uns anregen zu lassen, und vor allem die merkwürdigen Zufälle, die uns immer wieder begegnen, nicht abzuwerten.

Das Lob des Trödelns

Nein, Sie müssen nicht gleich einen radikalen Schnitt in der bisherigen Lebensweise vornehmen, sondern Sie können schon mit kleinen Änderungen im jetzigen Alltag beginnen. Das ist auch möglich, ohne die »große Richtung« zu wissen. Der kleinste Schritt kann sein, täglich zehn Minuten achtsam zu sein, also bewusst wahrzunehmen, was einem begegnet, was man sieht, was man riecht, was man hört; statt eilig auf die letzte Minute zum Bus zu hetzen, zehn Minuten früher aufzustehen und gemächlich den Weg zur Haltestelle zur Alltagsmeditation werden zu lassen. Das ist Ihnen zu aufwändig oder zu wenig? Aber wie wollen Sie dann große Änderungen schaffen, wenn Ihnen schon solch kleine Veränderungen der Routine nichts wert sind?

»Wer immer geradeaus geht, kommt nicht weit«: Beginnen Sie Ihren neuen Weg, indem Sie Ihre Alltagsroutine unterbrechen und auf den gewohnten Wegen nicht immer »geradeaus« gehen. Üben Sie zuerst einmal Umwege im Kleinen, ehe Sie sich an die großen neuen Wege wagen.

Können Sie sich daran erinnern, wie Sie als Kind oft auf dem Nachhauseweg von der Schule »trödelten«, oder kennen Sie das von Ihren eigenen Kindern? Natürlich ist es ärgerlich, wenn andere deswegen warten müssen, aber vielleicht haben Sie ja jetzt als Erwachsener die Möglichkeit, Zeitreserven zum Trödeln in Ihren Arbeitsplan einzubauen? Vielleicht können Sie in dieser Woche die Gleitzeit nutzen, um nachmittags eine halbe Stunde früher zu gehen – und dann tatsächlich *gehen* und bewusst die Umgebung betrachten, die Menschen, die Ihnen entgegenkommen, anschauen und vielleicht sogar anlächeln. Womöglich lernen Sie sogar ganz »bei-läufig« jemanden kennen, der für Ihren weiteren Lebensweg wichtige Informationen und Kontakte hat. Der frühere *Spiegel*-Korrespondent in Indien, Tiziano Terzani, war geradezu ein Experte im absichtslosen Herumwandern, insbesondere, wenn er auf der Suche nach Informationen war. Er stellte immer wieder fest, dass ihm auf diese Weise Menschen und wichtige Mitteilungen »über den Weg liefen«, die ihm bei seinen Recherchen weiterhalfen und ihn zum Ziel brachten.

Offen sein ist der erste Schritt zur Veränderung. Achten Sie einmal darauf, wie Kinder unverhohlen andere Menschen anstarren und alles Neue sehr interessant finden. Gehen Sie doch einmal in eine Nebenstraße und schauen Sie sich dort die Häuser, die Menschen, die Geschäfte an! Normalerweise würden Sie nie in so einen merkwürdigen »alternativen« Buchladen gehen? Machen Sie's doch einfach mal! Normalerweise haben Sie keine Zeit, um stundenlang im Bahnhof in Zeitschriften zu blättern? Wie wär's, wenn Sie einen Zug später nehmen oder früher an den Bahnhof gehen und einmal Zeitschriften anschauen, von deren Existenz Sie bisher nicht einmal wussten?

Laden Sie Neues in Ihr Leben ein, auch in »banaler« Form! Vielleicht entdecken Sie »zufällig« einen Hinweis auf eine Ausbildung, die Ihnen sonst nie auffallen würde, ein Interview mit jemandem, aus dessen Erfahrung Sie lernen können, finden eine Anregung, die Sie begeistert. Suchen Sie nicht gezielt, sondern spielen Sie herum, heißen Sie den Zufall willkommen und schaffen Sie Raum und Zeit dafür.

Die Welt um uns herum ist bunter und geheimnisvoller, als wir denken. Wenn wir mit offenen Augen und allen Sinnen wahrnehmen, erschließt sich uns manch neue Ebene, von der wir oft nichts ahnten. Dazu gehört auch die Bereitschaft, das Gewohnte neu zu betrachten oder vom Gewohnten abzuweichen ... Nehmen Sie einen Umweg durch den Stadtpark oder durch ein Wohngebiet. Schauen Sie einer Katze zu, einem Hund, einem Vogel, Schmetterlingen, den Schwalben in der Bahnhofshalle. Und vielleicht machen Sie, der Sie vor Jahren aus der Kirche ausgetreten sind, mal etwas, das offensichtlich so gar nicht zu Ihnen passt: Gehen Sie einfach mal in die Kirche, an der Sie alltäglich vorbeikommen (auch wenn die nicht konkurrieren kann mit den herrlichen Barockkirchen, die Sie im Urlaub so gern anschauen ...) und setzen sich einige Minuten ruhig hin. Und eventuell gönnen Sie sich sogar ein kleines Ritual und zünden eine Kerze an. Ist Ihnen das peinlich? Hoffentlich sieht Sie keiner? Wenn Sie so von

den Meinungen anderer abhängig sind, wie wollen Sie dann Ihrem Leben eine neue Richtung geben?
Veränderungen brauchen Zeit. Die ersten kleinen Schritte im Alltag haben Sie gemacht. Sie lernen wieder das Trödeln wie die Kinder. Vielleicht haben Sie Lust, noch einmal das Gedicht von Max Frisch im Kapitel 2 (Seite 33) zu lesen: »Wir könnten Menschen sein. Einst waren wir schon Kinder ...«
Versuchen Sie nun im nächsten Schritt, zusätzlich zu den Trödelminuten täglich einige Minuten für ein Besinnungsritual zu reservieren.

Tägliche Besinnungsrituale

Rituale haben in früheren Zeiten ganz selbstverständlich zum Alltag gehört. Sie strukturierten das Jahr, den Monat, den Tag, gaben Halt, aber auch Freiheit. »Du sollst den Sonntag heiligen« war in der Kindheit vielleicht ein lästiges Gebot, weil verbunden mit Kirchgang samt langweiliger Predigt, kratziger Sonntagskleidung und Langeweile. Aber in einer Arbeitswelt voller Pflichten gibt das Sonntagsgebot Ihnen heute als Erwachsener die Freiheit, endlich einmal ruhen zu dürfen.
Rituale geben auch in der modernen Zeit noch Sicherheit. Kinder lieben die Rituale des Zubettgehens, die Gutenachtgeschichte, ja, auch das Gutenachtgebet. Welche Rituale außer dem, dass Sie täglich zur gleichen Zeit die »Tagesschau« sehen, gibt es in Ihrem Alltag?
Wenn Sie sich in Ihrem Leben nach einem Richtungswechsel sehnen, sollten Sie täglich Zeit einplanen, um für sich ein ganz persönliches Ritual zu gestalten. Ideal wäre, wenn Sie täglich Zeit zum Meditieren einplanen, und seien es nur fünf Minuten. So wichtig sollten Sie sich schon sein! Sie kommen sich selbst nur dann auf die Spur, Sie spüren Ihre wirklich

wichtigen Anliegen nur dann, wenn Sie ihnen auch Lebensraum lassen. Wenn Sie das nicht tun, bleiben Sie in der Unzufriedenheit stecken.
Sagen Sie jetzt nicht: »Das ist ja gerade mein Problem, dass ich keine Zeit habe. Gerade deshalb will ich ja, dass mein Leben anders wird.« In jedem noch so vollen Terminkalender lassen sich einige Minuten am Tag finden. Nur wenn Sie diese Minuten reservieren, werden Sie je in der Lage sein, Pläne für ein Leben zu entwickeln, das Ihnen langfristig mehr Zeit zum Genießen lässt. Und wenn Sie jetzt noch immer nicht überzeugt sind, dass sich täglich Zeit finden lässt, dann versuchen Sie einmal, eine Woche lang nicht fernzusehen, damit mehr Raum für anderes bleibt, oder mittags nicht mit den Kollegen in die Kantine zu gehen, sondern einen Spaziergang zu machen. Und wenn Sie eine viel beschäftigte Hausfrau sind (ich weiß sehr gut, dass man im Haushalt *immer* von Arbeit umgeben ist), dann lassen Sie für eine Stunde alles stehen und liegen und gehen Sie ins nächste Café. Wenn das wegen kleiner Kinder nicht geht, gönnen Sie sich Zeit für sich selbst, wenn sie schlafen, und lassen Sie die Arbeit eine Weile ruhen. Oder gönnen Sie sich den unerhörten Luxus, Kinderbetreuung zu organisieren, damit Sie einmal wöchentlich zwei oder drei Stunden Zeit nur für sich selbst haben.
Ein sehr schönes Ritual kann es sein, einmal am Tag ein Gedicht zu lesen und es auf sich wirken zu lassen. Nicht im zwanghaften Grübeln kommen wir weiter, sondern wenn wir dem Schöpferischen Raum lassen. Michael Ende sagt in seinen hinreißenden *Gedanken eines zentraleuropäischen Eingeborenen*: »Poesie ist die schöpferische Fähigkeit des Menschen, immer wieder auf neue Weise sich in der Welt und die Welt in sich zu erfahren und wieder zu erkennen ... und aus eben diesem Grund ist alle Poesie mit dem Kindlichen verwandt. Wir Eingeborenen sagen sogar: Sie ist das Ewig-Kindliche im Menschen.« (Ende, *Zettelkasten*, S. 177)

Mit dem täglichen Lesen eines Gedichts schaffen Sie sich ein kleines Reservat für die Freiheit der Phantasie. Möchten Sie einen konkreten Tipp? Gern: Der Pädagogikprofessor Hartmut von Hentig hat im hohen Alter mit viel Liebe alle die Gedichte zusammengetragen, die ihm im Laufe seines Lebens etwas bedeuteten (Hentig, 1999). Er sagt: »Ein Gedicht ist immer auch Zauberspruch oder Beschwörung oder Gebet oder Trost oder Bitte um ihn.« Unter den Hunderten von Gedichten finden Sie sicher täglich eines, das Sie berührt. Mich selbst hat sehr bewegt, wie von Hentig im Vorwort davon erzählt, dass er immer noch ergriffen ist von den Zeilen des Kinderlieds *Weißt du wieviel Sternlein stehen*: »Gott der Herr hat sie gezählet, dass ihm auch nicht eines fehlet. Kennt auch dich und hat dich lieb.«
Was das mit der Suche nach Ihrem Lebensweg zu tun haben soll? Ich fürchte, das müssen Sie selbst herausfinden ...

Ein anderes Ritual, das sich auch in einem übervollen Tag noch in den letzten Minuten vor dem Einschlafen durchführen lässt, ist das Tagebuchschreiben. Ergiebiger wäre es natürlich, wenn Sie solch einem täglichen Ritual etwas mehr Zeit einräumten. Indem Sie den Tag überdenken, entlasten Sie sich, klären Verwirrung, formulieren Ideen. Wenn die Zeit sehr knapp ist, schreiben Sie eben nur fünf Dinge auf, für die Sie an diesem Tag besonders dankbar sind. Beim Finden eines neuen Weges geht es nicht nur um Wünsche, die erfüllt werden wollen, sondern auch um Dankbarkeit für das Positive, das schon da ist! Es kann sogar schon der erste Schritt in eine neue Lebensorientierung sein, wenn Sie sich bewusst von Ihren negativen Gedanken lösen und täglich ein Ritual der Dankbarkeit einführen.
Viele weitere Anregungen und Erfahrungsberichte zum Tagebuchschreiben finden Sie in meinem Buch *Ich schreibe täglich an mich selbst*. Vielleicht haben Sie Lust, jetzt gleich

damit zu beginnen? Wie wär's, wenn Sie sich dann vor dem Weiterlesen fünf Minuten Zeit nehmen und aufschreiben, was Ihnen jetzt im Moment durch den Kopf geht?

Ein Wochenende oder mehr für sich allein: Kreative Einsamkeit

Wenn Sie verzweifelt nach einer neuen Richtung in Ihrem Leben suchen, reichen die kleinen Zeiten im Alltag wahrscheinlich nicht aus. Sie sind ein Beginn, aber manchmal sollten Sie sich eine längere Zeit gönnen, in der Sie unbelastet von den Pflichten, die Sie als nicht mehr passend für sich empfinden, neue Ziele heranreifen lassen können. Je nach Lebenssituation können dies zwei bis drei Tage am Wochenende sein, eine ganze Woche, ein Monat oder sogar mehrere Monate. Haben Sie Geduld mit sich selbst und lassen Sie sich Zeit. Sonst besteht die Gefahr, dass Sie aus Ungeduld vorschnell Entscheidungen fällen, die mehr davon motiviert sind, das Alte hinter sich zu lassen als davon, das wirklich zu Ihnen passende Neue zu finden.

Gut wäre es, diese Zeit an einem anderen Ort zu verbringen, vielleicht verbunden mit einem Meditationskurs oder einem speziellen Seminar zum Thema »Lebensweg, Berufung«. Oder Sie planen eine Zeit, in der Sie intensiv die Natur erfahren und Kraft aus ihr schöpfen. Sie können solch eine Zeit des Rückzugs auch nutzen, um die Übungen in den beiden nächsten Kapiteln zu machen.

Eine solche »Aus-Zeit« bedeutet ein Innehalten zwischen dem alten und dem neuen Weg, und es ist gut möglich, dass Sie mehrere solcher Aus-Zeiten brauchen, ehe Ihnen Ihr neuer Weg klar ist. In der Bibel, in der Waldorfpädagogik und sogar in der Biologie ist von Sieben-Jahres-Rhythmen die Rede, in denen Veränderungen und Entwicklungsschritte erfolgen.

Auch wenn Sie dies nicht wortwörtlich nehmen, bleibt als Botschaft doch: Altes braucht Zeit, um so zu reifen, dass man es loslassen kann, und Neues braucht Zeit, um so heranzuwachsen, dass es das Alte ablösen kann. Und eine gewisse kreative Einsamkeit ist notwendig, um innere Klarheit zu erlangen. Vor dieser Notwendigkeit kann Sie leider auch kein Therapeut oder Coach bewahren.

»Hinhören auf die stimmlose Stimme des Herzens heißt, sich selbst nicht belügen ... diese Stimme aber hört man nicht, außer im Innehalten, in der aktiven Pause ... Wollen und Funktionieren haben aufgehört. Ein Augenblick der Katharsis, der Reinigung, der aber kein Augenblick des Handelns ist. Sondern nur eine Festigung des Menschen, der dann der Wirklichkeit anders gegenübertreten wird«, sagte die Dichterin Hilde Domin unter Berufung auf Konfuzius (1995, S. 15).

In der Einsamkeit kann sich Stille ausbreiten, in der Sie Ihre innere Stimme deutlicher wahrnehmen. Es ist allerdings möglich, dass Sie zunächst noch ein vielstimmiges Durcheinander von sich widersprechenden Wünschen, Hoffnungen und Hoffnungslosigkeit vernehmen und sich so zerrissen fühlen, dass Sie es kaum noch aushalten.

»Suchen und Finden sind zweierlei, und dem Finden ist ein anstrengendes Suchen nicht günstig, im Gegenteil ... Der Weg vom Suchen zum Finden ist nicht gerade, und Wille und Vernunft genügen nicht, um ihn zu gehen. Man muß horchen, lauschen, warten, träumen können, Ahnungen offen stehen.« (Hermann Hesse, *Gesammelte Briefe*, S. 354)

Aber wenn Sie geduldig mit sich selbst sind, wird sich allmählich immer deutlicher die Kraft melden, die in der Schmetterlingspuppe den Schmetterling heranreifen lässt und irgendwann keinen Zweifel mehr daran lässt, in welche Richtung die Entwicklung weitergeht.

Auch das chinesische Weisheitsbuch *I Ging* betont immer wieder die Wichtigkeit des Innehaltens, das der Wahrhaftigkeit gewidmet ist. Beim Finden Ihres Weges könnte Ihnen das I Ging eine große Hilfe sein, indem es zum einen in tröstlicher Weise auf die natürlichen Rhythmen in Wandlungsprozessen hinweist, zum anderen, indem es Antworten auf Ihre konkreten Fragen gibt.

I Ging: Das Buch der Wandlungen und die eigene Wandlung

Das I Ging ist ein mehrere Jahrtausende altes Weisheits- und Orakelbuch, in dem es darum geht, den Lebensweg des einzelnen Menschen in Harmonie mit dem Kosmos zu gestalten. Das I Ging wird nach einem bestimmten System befragt, und diese Befragung ist fast ein meditatives Ritual, an dessen Ende eines der 64 Zeichen (Hexagramme) des I Ging steht. Jedem Zeichen ist ein Text zugeordnet, der Hinweise für die gestellte Frage geben kann. Die Zeichen und Antworten sind aber nicht statisch, sondern können durch so genannte »Wandellinien« hinüberleiten zu neuen Aspekten, die die weitere Entwicklung betreffen. Das I Ging heißt deshalb auch »Das Buch der Wandlungen«.
In den Zeichen (Hexagramme) sind viele der Lebenssituationen und Entwicklungsschritte, mit denen Sie sich gerade befassen, wiederzufinden. Die Weisheit, die aus diesem Buch spricht, erschließt sich nicht immer auf den ersten Blick. Aber zur Anregung möchte ich Sie auf einige I Ging-Texte hinweisen, die unmittelbar mit unserem Thema zu tun haben.
Da wäre das Zeichen 18, »Die Arbeit am Verdorbenen«. »Das starre Stehenbleiben beim Hergebrachten hat Verderben zur Folge gehabt. Aber das Verderben ist noch nicht tief eingewurzelt, darum kann es noch leicht gebessert werden.« (R. Wilhelm) Und auch bei diesem Zeichen ist von einer siebenfältigen Zeitspanne die Rede, die eingehalten wer-

den muss, um das Alte zu korrigieren und das Neue in die Wege zu leiten.
Das Zeichen 47, »Die Bedrängnis, die Erschöpfung«, spiegelt die Phase wider, in der wir zwar wissen, dass wir so wie bisher nicht weitermachen können, aber noch keine Kraft für Neues haben. »Wenn das Wasser aus dem See nach unten geflossen ist, muß der See vertrocknen und sich erschöpfen. Das ist Schicksal. Das ist das Bild widriger Schicksale im Menschenleben. In solchen Zeiten läßt sich nichts tun, als dass man sein Schicksal auf sich nimmt und sich treu bleibt. Es handelt sich aber um die tiefste Schicht des eigentlichen Wesens; denn nur die ist jedem äußeren Schicksal überlegen.« (R. Wilhelm)
Ich selbst machte die Erfahrung: Wenn ich im Suchen meines eigenen Lebensweges wieder einmal an einem Punkt angekommen war, an dem ich mir selbst Vorwürfe machte, immer noch nicht »weiter«gekommen zu sein, war es sehr tröstlich, dieses Zeichen zu lesen. Denn nicht immer hängt es von einem selbst ab, wie es weitergeht, manchmal muss man sich für eine Weile einfach in die Situation hineinfinden, ohne Selbstvorwürfe.
Welch eine Freude dann aber, wenn das Zeichen 43, »Der Durchbruch, die Entschlossenheit«, signalisierte, dass ich auf dem richtigen Weg war und dass es nach der Zeit der Stagnation nun weitergehen würde. »Das Heitere« und »Der Himmel« verbinden sich in diesem Zeichen, und es bedeutet einen Durchbruch nach lange angesammelter Spannung.
Und wie ermutigend war es, wenn das Zeichen 49, »Die Umwälzung, die Mauserung«, ankündigte, dass das zutiefst empfundene »Eigene« im Einklang mit dem Ganzen war. »Aus der Verpuppung schlüpft ein Schmetterling, aus dem Nesthocker wird ein fliegender Vogel.« (Adrian 1995, S. 326) Hier wird die »rechte Zeit« betont: »Am eigenen Tag, da findest du Glauben. Erhabenes Gelingen, fördernd durch Beharrlichkeit.«

Im Zeichen 4, »Die Jugendtorheit«, wird das kindliche Element, von dem schon die Rede war, gewürdigt. Ein Kind erkannte im Märchen *Des Kaisers neue Kleider* die Wahrheit und ließ sich nicht mehr von den »erwachsenen«, »vernünftigen« Wahrnehmungen täuschen. Wenn wir ähnlich unbefangen wie ein »jugendlicher Tor« unsere Lebenssituation anschauen und nach Lösungen außerhalb der eingefahrenen Pfade suchen, haben wir die Chance, in größerer Übereinstimmung mit uns selbst zu leben. Das beinhaltet aber auch, sich belehren zu lassen: »Ein unerfahrener Mensch, der kindlich und anspruchslos Belehrung sucht, ist gut daran. Denn wer vom Hochmut frei sich dem Lehrer unterstellt, der wird sicher gefördert.« (R. Wilhelm)
Im Zeichen 61, »Innere Wahrheit«, wird dann deutlich, dass innere Wahrheit nicht in die Isolation führt, sondern ihre Wirkung tun kann, indem sich andere Menschen einfinden, die hilfreich sind. »Wo eine Stimmung sich wahr und rein ausspricht, wo eine Tat der klare Ausdruck einer Gesinnung ist, da wirken sie geheimnisvoll in die Ferne, zunächst auf solche, die innerlich aufnahmebereit sind. Aber diese Kreise erweitern sich. Die Wurzel aller Wirkung liegt im eigenen Innern.« (R. Wilhelm)
Aber das I Ging befasst sich durchaus auch mit den konkreten Aspekten des Menschseins. So kann es geschehen, dass das Zeichen 27, »Die Mundwinkel, die Ernährung«, Sie darauf aufmerksam macht, dass es noch profane Aspekte zu berücksichtigen gibt. (Gerade in diesem Moment ruft mich mein Mann zum Essen, das er vorbereitet hat. Ja, auch das ist wichtig, nicht nur der Musenkuss beim Schreiben ...)
Im Zeichen 38, »Der Gegensatz«, ist von der Spannung die Rede, die oft zwischen der Geschäftigkeit unserer äußeren Tätigkeiten und unserem eigenen, inneren Pfad herrscht. Diese Spannung ist aber nicht nur negativ, sondern die Polarität bewirkt auch Entwicklung, Klärung und Neuordnung:

»Die Gegensätze zwischen Himmel und Erde, Geist und Natur, Mann und Weib bewirken durch ihren Ausgleich die Schöpfung und Fortpflanzung des Lebens. In der sichtbaren Welt der Dinge ermöglicht der Gegensatz eine Sonderung in Arten, durch die Ordnung in die Welt kommt.« (Wilhelm, S. 147)

Mich fasziniert besonders, wie dieses Zeichen auch das Bild aufgreift, das zu Anfang dieses Buches in der Geschichte über das entlaufene Pferd vorkommt: In der ersten Wandellinie heißt es hier im I Ging: »Wenn du dein Pferd verlierst, lauf ihm nicht nach. Es kommt von selber wieder.« Das Pferd ist ein Tier, das eng mit seinem Reiter verbunden ist und stellt ein magisches Krafttier dar, das eng mit dessen Wegen und Schicksal verknüpft ist. In der griechischen Mythologie war das geflügelte Pferd Pegasus das Pferd der Musen, und es schlug mit seinem Huf die Quelle der poetischen Inspiration aus dem Boden. Pegasus ist die Gestalt gewordene geflügelte Begeisterung, und er weist den Menschen über seine materiellen Beschränkungen hinaus.

Wenn nun wie in dem Bild des I Ging etwas so eng mit uns verbunden ist wie ein Pferd, ja, wenn es wirklich zu uns gehört, geht es uns nicht verloren, und wir müssen es nicht krampfhaft suchen oder womöglich verfolgen. Wenn wir unserer eigenen Entwicklung geduldig und vertrauensvoll Zeit und Raum lassen, wird sich das, was wesentlich ist für unser Leben, irgendwann einstellen.

Die Übungen in den folgenden Kapiteln sind deshalb auch als sanfte Hilfen gemeint, mit denen Sie nichts erzwingen sollen, sondern liebevoll Ihrem Pegasus auf die Sprünge helfen.

9 Von hier aus: Zu welchen Zielen will ich fliegen? Übungen

Es gibt viele Methoden und Wege, um eigene Ziele zu klären und in der eigenen Entwicklung weiterzukommen. Im Folgenden stelle ich Ihnen einige Übungen vor, mit denen Sie die Spuren in Ihrem Leben suchen können, die Ihnen Zugang zu den eigenen Schätzen geben und als Wegweiser hilfreich sind. Sie sind nicht als Programm gedacht, das Sie Schritt für Schritt verfolgen sollen, sondern als spielerische Anregung, die Sie in Ihrem eigenen Zeitrhythmus umsetzen können. Allerdings wäre es gut, wenn Sie die erste Übung an den Anfang setzen. Sie müssen auch nicht alle aufgeführten Übungen machen. Suchen Sie sich einfach diejenigen heraus, auf die Sie neugierig sind oder von denen Sie gefühlsmäßig am ehesten angesprochen werden. Das kann sich im Laufe der Zeit auch ändern, und manchmal kann es hilfreich sein, eine Übung zu einem späteren Zeitpunkt noch einmal zu machen. Ich verspreche Ihnen hier allerdings keine Wunder nach dem Motto: Schwuppdiwupp, Sie machen ein paar tolle Psycho-Übungen, schon werden Sie ein neuer Mensch, und alles klappt wie am Schnürchen. Nein, denn letztendlich erlebt jeder Mensch seine Entwicklung in seinem eigenen Tempo. Und das ist gut so, damit wir uns nicht überfordern. Vielleicht haben Sie, Leserin X., bei einer der Übungen einen großen Durchbruch, wissen plötzlich genau, was Sie wollen und haben unendlich viel Energie, um Ihre Träume in die Tat umzusetzen. Und vielleicht machen Sie, Leser Y., sämtliche Übungen und stellen doch fest, dass die Zeit noch nicht reif für etwas Neues ist. Beides ist in Ordnung.

Ein unentbehrliches Werkzeug für Ihren Entwicklungsweg ist ein Tagebuch, und zwar ein spezielles »Talent-Tagebuch«. Auch wenn Sie ein normales Tagebuch führen, sollten Sie für diese speziellen Fragen und Übungen ein Extraheft oder ein Ringbuch anschaffen, in dem Sie Ihren inneren Weg gezielter verfolgen und auch zurückblicken können. (Ein Ringbuch hat den Vorteil, dass Sie weitere Materialien, Fotos, Prospekte einlegen können.) Versuchen Sie, ein besonders schönes Exemplar zu finden, das Sie gern zur Hand nehmen. Machen Sie das Durchführen der Übungen zu einem angenehmen Ritual, zu dem Sie sich zurückziehen.
Zusätzlich ist es hilfreich, wenn Sie im Alltag immer das kleine Notizbuch bei sich haben, von dem am Anfang dieses Buches (siehe Seite 25) die Rede war. Denn oft kommen einem ja die besten Ideen, während man gerade mit etwas anderem beschäftigt ist: in der Straßenbahn, beim Autofahren, bei der Hausarbeit. Und wenn Sie Experte im »kreativen Trödeln« (siehe Seite 128 ff.) werden, begegnen Ihnen vermutlich auch viele Hinweise, die Sie notieren möchten.
Auch wenn dieses Buch Mut machen möchte für Veränderungen: Nehmen Sie sich zuerst ein bisschen Zeit, um Ihre momentane Situation zu überdenken und um Bilanz zu ziehen. Kein Auto, kein Schiff, kein Flugzeug, ja nicht einmal ein Fahrrad kann Sie zu einem Ziel bringen, wenn nicht der Ausgangspunkt in die Streckenplanung einbezogen wird. Wie machen Sie es, wenn Sie einem Fremden den Weg zu Ihrem Haus erklären? Sie fragen zuerst: »Aus welcher Richtung kommen Sie?« Ja, und aus welcher Richtung kommen Sie?

Bilanz

Je nachdem, wie alt Sie sind, werden Sie für diese Übung vermutlich mehrere Etappen brauchen. Schreiben Sie einen Lebenslauf nur für sich selbst, und zwar nach Lebensjahren, beginnend mit Ihrer Geburt. Schreiben Sie zu jedem Jahr, was damals Wichtiges geschehen ist und wie das eventuell Ihren Lebensweg beeinflusst hat. Soweit noch möglich, befragen Sie auch Ihre Eltern und Geschwister dazu. Vielleicht erfahren Sie da viel Neues! Fragen Sie sich auch, welche Ihrer eigenen Bedürfnisse sich seinerzeit herauskristallisierten und später Ihren Weg beeinflussten (z.B. Suche nach Anerkennung, Abenteuerlust). Schauen Sie auch, welche Ihrer Fähigkeiten an früheren Punkten schon einmal auftauchten. Sinn dieser Übung ist es, den bisherigen Lebensweg besser zu verstehen und Spuren zu entdecken, die wir wieder aufnehmen können. Die eigenen Schätze zu heben kann sich lohnen, und Zusammenhänge zu erkennen, die uns bisher einengten, kann den Weg in die Zukunft leichter machen.

Markieren Sie in Ihrem Tagebuch oder Ringbuch als Erstes je eine Seite oder Doppelseite für jedes Lebensjahr. Die folgenden Beispiele können die jeweiligen Einträge ein wenig veranschaulichen:

Beispiel Jahr 0–1: Vater wurde arbeitslos, und die Eltern machten sich große Sorgen. Er fand erst nach einem Jahr eine Stelle, für die er mit dem Moped weit fahren musste. (Ob daher meine tiefsitzende Existenzangst kommt? Selbst wenn es mir gut geht, mache ich mir oft Sorgen. – Kam vielleicht auch daher der Druck von den Eltern, dass ich eine »solide« Ausbildung bei der Bank machen musste? – Ha, und bald wird meine Filiale geschlossen. Tolle Sicherheit.)

Beispiel Jahr 14–15: Ich war unsterblich in Axel verliebt. Sein Vater war Arzt, in der ganzen Stadt sehr bekannt und man

sprach mit großem Respekt von ihm. Meinen Vater, der Flüchtling »von drüben« war, beachtete keiner, mich auch nicht. Damals beschloss ich: Ich will mal einen Beruf haben, in dem ich auch so anerkannt bin. Ich hatte aber keine Ahnung, dass man als Gynäkologin unter männlichen Kollegen die grässlichste Facharzt-Ausbildung hat, die man sich vorstellen kann. Da wird ja jeder Lehrling besser behandelt! Von wegen Anerkennung! Wie kam ich eigentlich zur Gynäkologie? Mmmm ... Lebensjahr 18–19, da war ich zum ersten Mal beim Gyn. Grässlich. Unsensibel, tat weh, und dann kam mir der Typ auch noch komisch, weil ich die Pille wollte. Ich glaube, da hab ich zum ersten Mal daran gedacht, dass ich das anders und besser könnte.
Beispiel Jahr 16–17: Ich war Führer bei den Pfadfindern und organisierte ein großes Zeltlager. Damals habe ich zum ersten Mal überhaupt gezeltet. Es gab furchtbar viel zu bedenken, bis hin zum Essenplanen, Spiele, Elternnachmittag vorbereiten. Das klappte ganz gut, erstaunlich! Organisieren kann ich immer noch gut, und Camping ist auch jetzt mit 46 immer noch mein Lieblingsurlaub. Wohnmobil-Zeitschriften lese ich furchtbar gern, obwohl man sich ja nicht dauernd was Neues leisten kann. Ließe sich vielleicht daraus was machen? (Richtig, bei Jahr 41–42 muss ich schreiben: Im Urlaub lernte ich den Platznachbar kennen, der testete berufsmäßig Wohnmobile und schrieb darüber. Toller Job!)

Lassen Sie die Gedanken fließen, und vergessen Sie nicht die Entscheidungen, die zu Ihrem Beruf, Ihrem Wohnort, Ihrem Lebenspartner führten. Wenn Ihnen jetzt eine Idee für ein späteres Lebensjahr kommt, notieren Sie sie jetzt schon stichpunktartig auf den markierten Seiten.
Wenn Sie mit dieser Übung fertig sind, lesen Sie noch einmal in Ruhe alles durch und markieren Sie mit einem bunten Stift die Weichenstellungen, Motive, Begabungen, die Ihnen be-

sonders auffallen. Falls Ihnen bei dieser Übung Ideen für mögliche neue Perspektiven kommen, notieren Sie sie auf einem Extrablatt am Ende des Talent-Tagebuches. (Beispiel: als Redakteur bei einer Wohnmobil-Zeitschrift arbeiten, vielleicht erst einmal freiberuflich Artikel anbieten?)

Versöhnung

Vielleicht sind Ihnen bei der vorigen Bilanz einige Erinnerungen gekommen, die Sie mit Wut oder Trauer erfüllten. Ihre Eltern oder Lehrer haben Sie zu Entscheidungen gedrängt, die Sie heute für falsch halten, äußere Lebensumstände verhinderten, dass Sie Ihre frühen Träume verwirklichten, und manchmal haben Sie sich vielleicht auch selbst »im Weg gestanden«. Sie können sich natürlich nun intensiv mit diesen negativen Gefühlen befassen, sie im Detail ausleuchten, womöglich noch mit therapeutischer Hilfe oder einer Selbsterfahrungsgruppe ganz fürchterlich ernst nehmen – und dabei viel Energie vergeuden, die Sie viel besser brauchen können, um kreativ Ihre Zukunft besser zu gestalten. Wenn wir in einer verärgerten Haltung bleiben, sind wir gefangen im Negativen, binden dort unsere Kraft, die Tür für Neues ist eingeklemmt und wir können nicht nach draußen ins Helle schauen. Nehmen Sie also das Negative zur Kenntnis, gehen Sie dann aber zur Versöhnung über:
Notieren Sie, was an Ihrer jetzigen Situation trotz aller Schwierigkeiten und Unzufriedenheit positiv ist. Listen Sie alles auf, Privates wie Berufliches. Nicht nur das sichere Einkommen, sondern auch die vielen Kleinigkeiten, wie beispielsweise die morgendliche Kaffeerunde. Auch die befriedigte Eitelkeit und die große Anerkennung, die Sie in Ihrer jetzigen Position bekommen. Auch die kleinen Freiheiten, die Sie sich nehmen können, indem Sie Außentermine vorschüt-

zen. Auch die Freiheit zu »Überstunden«, die Sie manchmal davor schützt, die quengeligen Kinder ins Bett bringen zu müssen. Schreiben Sie auf, welche Menschen in Ihrem Leben Sie wirklich schätzen. Wofür in Ihrem Leben sind Sie dankbar, auch wenn Sie sich unzufrieden, unglücklich oder sogar zutiefst traurig fühlen?

Es geht hierbei nicht darum, das, was Sie belastet, zu verharmlosen, sondern darum, sich mit dem, was ist, zu versöhnen. Denn in einer versöhnlichen Grundhaltung können auch neue Ideen besser fließen. Verärgerung bindet Energien, während Versöhnung Energien freisetzt. In der Familientherapie gibt es den Spruch: »Es ist nie zu spät, eine glückliche Kindheit gehabt zu haben.« Sie können die Brille, durch die Sie schauen, jederzeit ändern, und das bezieht sich auf alle Lebensbereiche!

Und falls Sie allen anderen verzeihen können, nur sich selbst nicht, bedenken Sie: Sie sind dort, wo Sie jetzt sind, weil Sie noch nicht woanders sein können. In der Bilanz-Übung haben Sie vielleicht entdeckt, welch ein vielfältiges Gewebe und Muster Ihr Leben darstellt, und vielleicht haben Sie sogar eine Art innerer Logik darin entdeckt. Ihre Fähigkeiten, Ihre Entscheidungen, besondere Zufälle, aber auch Ihre Ängste, Ihre Hoffnungen, Ihre Illusionen, haben Sie an die Stelle gebracht, an der Sie sich jetzt befinden. Und jetzt drängt eben etwas anderes in Ihnen und wird Sie an eine andere Stelle bringen.

Wann war ich schon einmal am richtigen Platz?

Selbst wenn Sie sich schon seit längerer Zeit in einer Situation befinden, in der Sie nicht glücklich sind, gab es auch in Ihrem Leben Momente, in denen Sie sich zur richtigen Zeit am richtigen Platz befanden und ganz in einer

Tätigkeit aufgingen oder einfach zufrieden waren. Solche Momente können den Kern in sich tragen, der uns heute die Richtung weisen kann, in die wir uns wieder bewegen sollten. Das können tief bewegende Ereignisse sein, aber auch vordergründig banal erscheinende Anlässe.

Gehen Sie in Gedanken noch einmal Jahr für Jahr Ihres Lebens durch. (Waaas, schon wieder? Tja, sich ändern ist harte Arbeit!) Überlegen Sie, womit Sie in jedem Jahr Ihre Zeit verbrachten, auch als kleines Kind. In welchen Momenten waren Sie besonders glücklich und fühlten sich »ganz bei sich«? Spielten Sie gern draußen und waren am liebsten stundenlang am Teich und im Wald? (Wie um Himmels willen kam es dann, dass Sie später zum Finanzamt gingen?) Wollten Sie bereits mit fünf Jahren das Lesen lernen und lasen Sie dann schon Kinderbücher, bevor Sie in die Schule kamen? Und später entwickelten Sie sich zur regelrechten Leseratte? Was passierte aber in den späteren Jahren, als Sie Krankenschwester wurden und in der Hektik dieses Berufs nur noch im Nachtdienst gelegentlich zum Lesen kamen?

Beispiel Jahr 0–1: Meine Mutter behauptet, ich sei ein pflegeleichtes Baby gewesen, hätte selten geweint, meist ruhig und fröhlich in die Welt geschaut. Sogar in dem Alter hätte ich mich schon gut selbst mit meinem Babyspielzeug beschäftigen können. Und heute bin ich immer froh, wenn ich mal keinen Menschen sehen muss, mir geht die Lautstärke in der Schule ziemlich auf den Geist. Ich brauche eigentlich nicht viele Menschen um mich rum, ich hab's am liebsten ruhig. Super, nun bin ich Lehrerin mit Hörsturz!

Beispiel Jahr 4–5: Am liebsten bastelte ich, im Kindergarten und auch zu Hause. Mit Spielen draußen konnte man mich jagen. Auch heute mache ich noch am liebsten was mit den Händen. Und zwar im Haus. Na ja, Schreibmaschine bzw. Computer ist auch was mit den Händen, aber das Ergebnis ist ja nicht so befriedigend. Ich möchte mal wieder ein richtiges Ergebnis sehen, etwas Schönes produzieren, über das ich mich selbst freuen kann.

Beispiel Jahr 13–14: Damals machte mir der Kunstunterricht am meisten Spaß, und ich malte auch in der Freizeit viel. Die Bildinterpretationen machten mir auch immer viel Freude, ich fand es total faszinierend, was so ein Bild aussagt, wenn man sich intensiver damit beschäftigt. Auf dem Dachboden bei den Eltern fand ich Bilder aus dieser Zeit, die ich gemalt habe. Gar nicht mal schlecht! Aber das zu fördern, darauf ist nicht mal der Kunstlehrer gekommen. Und ich hab es einschlafen lassen. Vielleicht sollte ich mal wieder ... na ja, für einen Beruf kann man das vergessen. Aber Kunstgeschichte, damit könnte ich mich doch mal befassen ...

Beispiel Jahr 23–24 Damals machte ich ein Praktikum in einer psychiatrischen Klinik, drei volle Monate. Niemals vorher und niemals nachher habe ich mich an einem Arbeitsplatz so wohl gefühlt. Da wurde normal gelebt mit den Patienten, in Wohngruppen samt Kochen und Alltagskram, und die Zeit verflog im Nu. Ich habe es nie als »Arbeitstage« empfunden. Das, was man in dem jeweiligen Moment machte, zählte, egal, ob man mit den Patienten einkaufen ging oder über ein Problem sprach. Beim gemeinsamen Kartoffelschälen konnte man über Probleme sowieso viel besser reden als im Therapiezimmer.

»Das, was man im Moment machte, zählte.« Mmm, und jetzt hab ich immer das Gefühl, ich müsste mich beeilen, und vieles ist mir lästig, weil es so unwichtig scheint und Zeit wegnimmt. Muss ich noch mehr drüber nachdenken. Wofür nimmt es mir die Zeit weg?

Beispiel Jahr 26–27: Meine allerliebsten Momente waren immer, wenn ich in der Uni-Bibliothek saß und für die Examensarbeit Material suchte. Andere stöhnten, aber mir machte es Spaß. Wieso kam ich damals eigentlich nicht auf die Idee, weiterzumachen? Ich wollte meinen Eltern nicht länger auf der Tasche liegen, wollte selbst Geld verdienen. Promovieren? Jetzt bin ich 40, da nimmt mich ja doch keiner mehr. Aber ... also, reizen könnte mich das ja doch.

Markieren Sie im zweiten Durchgang auch hier Punkte, die Ihnen auffallen und sammeln Sie Stichpunkte auf einem Extrablatt. Vielleicht beginnen Sie zu spüren, dass der Kern für die Lösung schon irgendwo in Ihrem eigenen Leben enthalten ist.

Ritual: Die Zauberschale

Diese Übung können Sie über einen längeren Zeitraum fortlaufend machen. Als Erstes suchen Sie eine besonders schöne große Schale oder eine besonders schöne große Schachtel. Sie können natürlich auch selbst eine herstellen oder schmücken. Und nun bringen Sie von jedem Ihrer »Trödelgänge« irgendeine Kleinigkeit mit, die Ihr Herz berührt und sammeln alles in Ihrem Behälter. Ein bizarr geformter Zweig, eine Feder, ein Stein mit schöner Maserung, eine Konzertankündigung, ein altmodischer Federhalter zum Schreiben. Achten Sie auch sonst im Alltag auf Symbole, die irgendetwas in Ihnen auslösen, und lassen Sie sich viel Freiheit dabei. Oh, sind das tolle Stöckelschuhe in diesem Prospekt! (Würden Sie Ihren fußbettgewohnten Füßen nie zumuten, nein, aber ... hinein mit dem Bild in die Schale!)
Einmal in der Woche ziehen Sie sich für mindestens eine halbe Stunde zurück und nehmen langsam Stück für Stück in die Hand von dem, was Ihnen in den letzten Tagen begegnete. Meditieren Sie zu jedem Stück einige Minuten. Zum Schluss nehmen Sie Ihr Tagebuch und machen Sie einige Stichpunkte.

Mit diesem Ritual geben Sie all Ihren Sinnen die Möglichkeit, sich auf Wesentliches zu »be-sinnen«: Welche Sehnsüchte werden da wach, welche positiven Möglichkeiten werden Ihnen bewusst? Vielleicht ist auch ein Teil dabei, das sich als eine Art Talisman eignet, den Sie eine Weile bei sich tragen, immer wieder in die Hand nehmen und sich davon beflügeln lassen. Lassen Sie sich »verzaubern« von angenehmen Gefühlen! Eine neue Richtung im Leben, die uns »nach Hause« führt, lässt sich nicht ausschließlich mit einer Kopf-Entscheidung finden.

Freies Zeichnen

Dies ist eine altbewährte Übung, die meiner Erfahrung nach sehr viel in Bewegung bringt, wenn wir »festsitzen« und uns »im Kreise drehen«, die immer gleichen Probleme wälzen, grübeln, uns nicht trauen, unsere tiefsten Wünsche ernst zu nehmen.
Kaufen Sie eine große Packung guter Malkreiden und mehrere große Zeichenblöcke. Zusätzlich sollten einige Filzstifte zum Schreiben bereitliegen. Immer, wenn Sie ins Grübeln geraten oder gar verzweifelt sind, zeichnen Sie einfach drauflos, ohne Plan, ohne Absicht. Vielleicht fallen Ihnen Worte ein, dann schreiben Sie diese irgendwo in Ihr Bild hinein. Zeichnen Sie ruhig mehrere Bilder hintereinander, vielleicht entwickelt sich ein ganzes Thema auf diese Weise, und allmählich sogar eine Lösung. Aufgestaute Energien, die Sie blockieren, können nun in Fluss geraten – was auch durchaus wörtlich zu nehmen ist: Es kann sein, dass sich auch angestaute Tränen lösen. Dann lassen Sie sie fließen. Weinen befreit!
Nach dem Zeichnen schauen Sie sich in Ruhe Ihre Bilder an und überlegen, für welche Sehnsüchte oder welche Werte in

Ihrem Leben die einzelnen Abbildungen stehen. Schreiben Sie alle Ideen auf. Der Baum mit den roten Äpfeln – steht der vielleicht für Ihre Sehnsucht, ein »fruchtbares«, greifbares Ergebnis hervorzubringen? Die dunklen spitzen Pfeile drücken Bedrohung und vielleicht Unruhe aus und dahinter die Sehnsucht, in einer ruhigen, geschützten Umgebung zu leben und zu arbeiten? Versuchen Sie, aus den Bildern und Symbolen Sätze zu formulieren, die mit den Worten »Ich möchte …« beginnen.

Eine Variation dieser Übung sieht so aus: Malen Sie alles, was Ihnen wichtig ist oder erstrebenswert erscheint, auf eine große Seite. Die Sonne, ein Hund, eine Geige, ein Zimmer für Sie allein, ein Herd, ein Notebook, viele Menschen, was auch immer. Überlegen Sie auch bei diesem Bild, welche Sehnsüchte und Werte darin verborgen sind und formulieren Sie wieder »Ich-möchte«-Sätze: »Ich möchte ein Notebook haben, um unterwegs im Zug an einem Roman zu schreiben.« »Ich möchte ein Leben haben, in dem ich Zeit für einen Hund und für lange Spaziergänge habe.« »Ich möchte spätestens ab 35 so leben, dass Platz für Kinder ist.« »Ich möchte meine Kleidung selbst entwerfen.« Erst wenn Sie klar formulieren, was Sie sich wünschen, können Sie planen, wie Sie das verwirklichen können! Im Laufe der Zeit bekommen Sie ein sicheres Gespür dafür, welche Themen wirklich »lebens-wichtig« sind und welche sich mit Kompromissen begnügen.

Diese Übung sollten Sie (wie die meisten Übungen) am besten abends oder am Wochenende machen, wenn Sie nicht unter Zeitdruck stehen und offen für Überraschungen in Ihren eigenen Gefühlen sein können.

Vielleicht sind Sie nun ungeduldig. Sie wollen endlich anders leben, und da werden Ihnen hier solche zeitraubenden Übungen vorgeschlagen! So viel Zeit können Sie auch nicht verplempern mit Zeichnen und Schreiben, mit Üben und

Meditieren, Sie wollen endlich was tun! Wunderbar! Wenn Sie schon wissen, was Sie tun wollen, dann gibt's nur eines: Legen Sie los!
Ach, sooo genau wissen Sie es auch noch nicht, aber Sie wollen jetzt endlich mal weiterkommen? Genau darum geht es ja bei diesen Übungen: sich selbst kennen lernen, ein Gespür dafür entwickeln, was wirklich zu einem passt. Dies ist der unerlässliche erste Schritt in eine neue Richtung. Bei den weiteren Schritten liegt vermutlich trotz aller Freude und Erfüllung noch viel Arbeit vor Ihnen, so manche Durststrecke. Und die stehen Sie am besten durch, wenn Ihr Ziel stimmt, wenn das, was Sie machen, stimmig ist mit Ihrem tiefsten Wesen und mit dem, was in Ihrer jetzigen Lebensphase »dran« ist. Irrwege sind Sie genug gegangen, und auch wenn Sie sie als Teil Ihres Weges akzeptieren, müssen ja nicht aus Ungeduld neue Irrwege entstehen. Setzen Sie sich also bitte nicht unter Druck! Den haben Sie doch schon genug!

Mein letzter Wille

Diese Übung hat ein Thema zum Inhalt, das die meisten Menschen gern vermeiden: den eigenen Tod. Gerade angesichts unserer eigenen Endlichkeit aber kristallisiert sich besonders deutlich heraus, was wirklich im Leben zählt, was unbedingt noch gelebt werden will, damit wir das eigene Leben beim Abschied als sinnvoll gelebt empfinden können. Setzen Sie sich entspannt hin, schließen Sie die Augen und stellen sich vor, Sie hätten nur noch ein Jahr zu leben. Was in Ihrem Leben würden Sie unbedingt noch verwirklichen wollen? Welcher Herzenswunsch konnte bislang noch nicht leben? Wenn sich das, was Ihnen wirklich am Herzen liegt, nicht mehr auf später verschieben ließe, was würden Sie in diesem Jahr noch in die Tat umsetzen?

Neu ist diese Übung nicht, aber sie lohnt sich immer wieder, wenn wir im Zweifel sind, welchen Weg wir wirklich gehen wollen. Schreiben Sie alles auf. Und nehmen Sie in den nächsten Wochen Ihre Notizen häufiger zur Hand. Was hindert Sie bislang, Ihre Sehnsüchte umzusetzen? Was ließe sich in abgewandelter Form auch jetzt schon verwirklichen? Was davon ließe sich beruflich umsetzen, was wäre eher eine Freizeitaktivität? Was betrifft Ihr Verhältnis zu anderen Menschen? Mit wem möchten Sie noch Frieden schließen? Was ist »lebens-wichtig«?

Wunder

In eine ähnliche Richtung geht die folgende Übung. Viele Menschen wissen tief in ihrem Inneren, was sie »eigentlich« aus ihrem Leben machen wollen. Wenn nur das Wörtchen »wenn« nicht wäre ... . Nehmen Sie drei Blätter und schreiben auf jedes Blatt einen der folgenden Sätze:

»Wenn ich endlich mal die Zeit hätte, würde ich ...«

»Wenn ich nicht das Geld für die Familie verdienen müsste, würde ich ...«

»Wenn ich nicht schon (...) Jahre alt wäre, würde ich noch ...«

Ergänzen Sie nun jeden Satz mit mindestens fünf Punkten. Und dann haben Sie die Wahl: Verbieten Sie sich weitere Gedanken, weil das alles sowieso nicht geht? Oder wird es jetzt erst richtig spannend?

Danach machen Sie es einmal umgekehrt. Stellen Sie sich vor, es gäbe keine äußeren Hindernisse, und eine gütige Fee erfüllt Ihnen mindestens einen Herzenswunsch und zaubert das Wunder herbei. Sie sind am Ziel angekommen. Malen Sie sich bis in alle Einzelheiten aus, wie Ihr Leben nun aussieht. Wie wäre jetzt Ihr Alltag? An welchem Ort würden Sie leben, in welcher Umgebung, mit wem? Wie würde es Ihrer

Familie gehen? Beschreiben Sie einen idealen Tag mit allen Details, vom Aufstehen bis zum Schlafengehen. Falls sich in Ihnen Widerstand regt (»So ein Blödsinn, das ist ja doch unrealistisch«), versuchen Sie bitte, trotzdem weiterzumachen. Widerstand bekommt in einer späteren Übung noch einen gebührenden Platz.
Übrigens höre ich zufällig gerade in diesem Moment im Radio das Lied *I believe in angels* von der Gruppe »Abba«, in dem es auch um die »Wunder in Feen-Geschichten« geht (»If you see the wonder of a fairy tale ...«). Der Text ist zwar ein bisschen kitschig, aber ich finde, er passt wunderbar zum Thema. Wenn wir unsere Träume würdigen und unsere Ziele kennen, tragen sie uns auch durch dunkle Zeiten!

Träume sortieren

Gehen Sie in Gedanken alle Ideen und Pläne durch, die Ihnen in früheren Jahren verlockend erschienen und auch die, die Sie jetzt noch reizvoll finden. Sie wollten bis zum 30. Lebensjahr perfekt Englisch und Spanisch können? Sie wollten in den Bundestag? Sie wollten einen Beruf, in dem Sie viel von der Welt sehen? Sie wollten eine berühmte Künstlerin werden? Sie wollten in den Entwicklungsdienst gehen? Sie wollten mit Kindern arbeiten? Sie wollten ein altes Haus in Frankreich umbauen und in einem sonnigen Klima leben? Sie wollten selbstständig arbeiten, ohne Chef? Ja, ganz früher wollten Sie sogar »Filmschauspielerin« sein? Und später bedauerten Sie es, dass Sie als Kind den Geigenunterricht abgebrochen haben? Sie würden gern noch Querflöte lernen? Sie möchten gern etwas tun, bei dem man ein handgreifliches Ergebnis hat? Sie waren immer fasziniert von der Medizin? Manchmal denken Sie, Sie könnten wenigstens noch Heilpraktiker werden?

Schreiben Sie alle Punkte auf und lassen Sie einige Zeilen Platz dazwischen. Nehmen Sie sich ruhig einige Tage Zeit und ergänzen Sie die Liste. Wenn Sie mögen und wenn es noch möglich ist, fragen Sie auch Ihre Geschwister, Eltern und alte Freunde aus verschiedenen Lebensphasen, an welche Ihrer früheren Eigenarten und Ideen sie sich noch erinnern. Sie werden überrascht sein, was andere an Ihnen wahrgenommen haben! »Du hast doch mit 16 schon davon geträumt, mal in Amerika zu leben!« – »Du konntest doch nie genug bekommen von spannenden Geschichten.« – »Du hast damals schon immer so patente Ideen gehabt, wenn wir auf Klassenfahrt waren.« – »Ich dachte immer, du wirst mal Lehrerin, du konntest immer so gut erklären.« – »Du hattest doch immer irgendeine Handarbeit dabei« – »Weißt du nicht mehr, dass wir dich damals immer Daniel Düsentrieb genannt haben? Ich hab nie verstanden, dass du BWL studiert hast.«
Schauen Sie auch die bisherigen Übungen noch einmal an und übernehmen Sie dort notierte Träume und Sehnsüchte auch in diese Liste.
Schreiben Sie dann auf eine Karte die Worte »vorbei, vielleicht, hoffentlich, möglich, sicher«. Mit dieser Karte in der Hand gehen Sie nun Punkt für Punkt durch und notieren dahinter mit einem andersfarbigen Stift, in welche Kategorie dieser Wunsch fällt. Vorbei die Idee mit der Medizin? Oder doch ein kleines »Vielleicht«? Eine Stelle, die Ihnen mehr Zeit lässt – hoffentlich? Die Schauspielerei – wirklich »vorbei«, oder gäbe es da womöglich doch ein kleines »Vielleicht«? Das Jahr im Ausland – »möglich« oder »vorbei«? Es mag sein, dass Sie einige Träume tatsächlich begraben müssen, aber bevor Sie das tun, legen Sie erst einmal alles für eine Woche beiseite. Und dann gehen Sie die Liste noch einmal durch. Vielleicht verschieben sich einige Urteile, und Sie sehen in einer Woche Möglichkeiten, wo Sie heute noch mutlos sind. Vielleicht begegnen Ihnen auch »Zufälle«, die Ihre heutige Eintei-

lung in einem anderen Licht erscheinen lassen. Und dann entscheiden Sie, welchen Wunsch Sie sich als Ersten erfüllen wollen. Bewahren Sie die Liste gut auf!
Und vielleicht wundern Sie sich sogar in einigen Jahren, wie sich »fast von selbst« etwas erfüllte, was Ihnen heute unmöglich erscheint, oder wie dann andererseits ohne Bedauern etwas »vorbei« ist, was Sie heute mit »hoffentlich« versehen.

Was kann ich besonders gut?

Manchmal übersehen wir in einer unzufriedenen Lebenssituation oder in einer Stimmung, in der wir keine Hoffnung auf eine bessere Zukunft haben, die Fähigkeiten, die wir jetzt schon besitzen und die Erfahrungen, die uns Hinweise auf ausbaufähige Talente geben können. Dabei ist es möglich, dass Sie längst viele Schätze besitzen, sie aber bislang nie als solche gewertet haben!
Gehen Sie in Gedanken all Ihre Lebensbereiche und Aktivitäten durch und listen Sie auf, was Ihnen besonders gut gelingt und trotz aller Anstrengung Freude macht. Bei welchen Tätigkeiten können Sie alles um sich herum vergessen? Schreiben Sie auch vermeintlich unwichtige Dinge auf. Sie haben neulich das Baby Ihrer Freundin, das Bauchschmerzen hatte, beruhigen können? Sie waren vor einiger Zeit ganz erstaunt, wie vertraut Ihnen das Pferd war, das auf einem Spaziergang an den Zaun kam, und Sie spürten eine merkwürdige Sehnsucht, die Sie schnell wieder wegpackten? Ihre Essenseinladungen sind bei Freunden sehr begehrt, und Sie werden oft nach den Rezepten gefragt? Meist gibt es gar keines, und Sie haben schon oft gedacht, Sie müssten mal aufschreiben, was Ihnen da eingefallen ist? Sie haben früher für Ihre Kinder immer alles selbst genäht und konnten bis in die Nacht an der Nähmaschine sitzen? Sie haben eine Wandlampe für Ihr

Wohnzimmer kreiert, die gar nicht »selbst gebastelt« aussieht, sondern schon für eine Designerleuchte gehalten wurde? Sie haben Ihren Garten selbst angelegt und wurden schon gefragt, welcher Landschaftsgärtner ihn entworfen hat?
»Jeder Mensch sollte herausfinden, was er besonders gut kann – und jeder kann irgend etwas besonders gut. Und dann sollte er sich ein Gebiet wählen, auf dem er Erfolg haben kann und sich darauf konzentrieren.« (M. Czikszentmihalyi)
»Was schenken Sie der Welt?«, fragte die Schnecke den Rosenstock. Was ist Ihre Gabe, mit der Sie die Welt und das Leben anderer Menschen bereichern können?

Widerstand

Nun haben Sie einiges über Ihre Begabungen und Sehnsüchte herausgefunden, und in Ihrem Inneren werden die Stimmen immer lauter, die dazwischenreden: »Das wird ja sowieso nichts«, »Damit machst du dich doch lächerlich«, »So was ist doch kein Beruf«, »Du bist doch viel zu alt dafür«, »Wie willst du damit Geld verdienen?«
Schreiben Sie Ihre Träume oder den einen großen Traum links auf einen Bogen, und schreiben Sie rechts alle Einwände auf. Wessen Stimme könnte dieser Einwand haben? Ist es Ihr älterer Bruder, der erfolgreiche Geschäftsmann? Ist es Ihre Mutter, die als Kind den Krieg erlebte? Ist es Ihr Mann, der Angst hat, Sie zu verlieren? Ist es Ihre Frau, die Angst hat, dass Sie zu viel Stress haben könnten mit all den neuen Seminaren und zu viel Geld dafür ausgeben? All diese Stimmen sind natürlich auch Ihre eigenen Zweifel. Was erwidern Sie ihnen?
Sie können auch einen Freund bitten, diese Übung mit Ihnen zu machen. Sie äußern Ihre Träume, und Ihr Freund for-

muliert entsprechende Einwände. (»Damit ist deine Rente futsch.« »Hast du denn überhaupt genug Talent?« »Deine Frau unterstützt das doch sicher nicht.« etc.) Sie argumentieren dagegen und lernen dabei mehr über die Möglichkeiten, aber auch die tatsächlichen Begrenzungen. Diese Übung sollten Sie auf Band oder sogar auf Video aufnehmen und danach gemeinsam durchsprechen.
Eine weitere Variante ist ein »innerer Dialog«, in dem Sie und ein gedachter Gegenspieler sich auseinander setzen. Stellen Sie zwei Stühle auf, den einen für »sich«, den anderen für den »Gegenspieler«. Setzen Sie sich abwechselnd auf einen der beiden Stühle, je nachdem, in welcher Rolle Sie gerade sind, und sprechen Sie die Argumente laut aus. Nehmen Sie auch diese Übung auf Band auf.

Was ist das Schlimmste, was mir passieren könnte, wenn ich meiner Sehnsucht folge?

Sie wissen nun genauer, wohin Ihre Sehnsucht Sie führt und suchen jetzt nach Wegen, sie auch umzusetzen. Sie sind voller Optimismus und Energie, haben viele Ideen – und ausgerechnet jetzt geraten Sie womöglich aus heiterem Himmel wieder in einen Strudel von Ängsten. Sie können nachts nicht mehr schlafen, und was gestern so klar schien, scheint heute völlig unsinnig. Sie sind wortwörtlich hin und her gerissen, haben die negativen Gefühle nicht unter Kontrolle.
Nach meiner Beobachtung geht es fast allen Menschen so, die ihrem Leben eine neue Richtung geben wollen. Mitten im neuen Schwung gibt es eine Vollbremsung – und die heißt Angst.
Diese Angst fühlt sich scheußlich an, und sie kann sich noch einmal zu einer Krise entwickeln. Wie Sie wissen, können Ängste aber eine sehr sinnvolle Funktion erfüllen: Sie schüt-

zen möglicherweise davor, sich zu übernehmen. Versuchen Sie also, diese Ängste nicht abzuwehren, sondern als Hilfe willkommen zu heißen, um noch mehr Klarheit über Ihren Weg zu finden und Sackgassen zu vermeiden. Kanalisieren Sie das Bündel von Ängsten, indem Sie sich zunächst schriftlich möglichst ausführlich folgende Frage beantworten:
Was könnte alles Schreckliches passieren, wenn ich es wage, meiner tiefen Sehnsucht zu folgen?
Ich könnte krank werden, und dann verdiene ich nichts. Ich finde sicher nicht genug Kunden, schüchtern, wie ich bin. Wir müssten das Haus verkaufen. Meine Frau würde mich verlassen, wenn ich nicht erfolgreich bin. Ich bin nicht gut genug, mein Talent reicht nicht. Wenn ich meinen Traum erfülle, würde ich merken, dass er ein Wolkenkuckucksheim war.
Überlegen Sie im nächsten Schritt, welche Lösung es für die einzelnen Punkte geben könnte. Und die Punkte, für die es keine Lösung gibt – sind das normale Risiken, oder geben sie ernsthaft zu bedenkende Hinweise, dass dieser Weg wirklich nicht der richtige für Sie ist? Kann es sein, dass hier Ihre Angst Sie davor schützt, einen großen Fehler zu machen?

Was fürchte ich, wenn ich Erfolg habe?

Diese Frage mag merkwürdig klingen. Das ganze Buch handelt von Möglichkeiten, sich zu entwickeln, und dann solch eine Frage? Oh ja, es kann durchaus sein, dass Sie sich bislang daran gehindert haben, etwas zu ändern, weil Sie instinktiv gespürt haben, dass die Folgen des Erfolgs nicht nur positiv wären. Hermann Hesse war bei seinen Lesern so »beliebt«, dass er schließlich ein Schild an sein Gartentor heftete, in dem er darum bat, man möge ihn mit Besuchen verschonen. Michael Ende berichtete von begeisterten Fans, die einfach über den Gartenzaun stiegen. Nun gut, selbst

wenn Sie vielleicht nicht so berühmt werden – welche anderen Unannehmlichkeiten fürchten Sie?
Listen Sie genau auf, was in Ihrem Fall Begleiterscheinungen des Erfolgs sein könnten. Wird Ihr Leben unruhig, gibt es dann zu viele Termine, hätten Sie eventuell zu wenig Zeit für Ihre Familie, würden Sie sich zu einsam fühlen als Künstler im Süden, müssten Sie sehr viel reisen, wäre es notwendig, Ihr Privatleben zu schützen? Überlegen Sie genau, ob Sie bereit wären, den entsprechenden Preis für den Erfolg zu zahlen. Und vielleicht haben Sie ja auch Ideen, wie Sie diese Kehrseite des Erfolgs handhaben könnten, statt sich davon blockieren zu lassen.
Wenn Sie genau geklärt haben, dass Ihre Angst keine hilfreiche Angst ist, die Sie vor Irrwegen bewahrt, sondern eine, die Sie nutzlos hindert, dann gibt es nur einen Rat: Man kann Angst haben und trotzdem handeln!

10 Begeisterung und der Weg des geringsten Widerstandes

Als ich dieses Kapitel vorbereitete, kam mir die Idee, das I Ging zu befragen. Und ich bekam ein wunderbares Zeichen, das perfekt zu unserem Thema passt: Es ist das Zeichen Nr. 16, Yü, Die Begeisterung. In diesem Zeichen sind die Erde und der Donner enthalten, das Bodenständige und die Energie in der Luft, es geht um Hingabe und um Bewegung – wie bei der Raupe, die erst auf der Erde lebt, sich dann in der Verpuppung geduldig hingeben muss, um schließlich ein Schmetterling zu werden, der sich in die Luft schwingt.

Wenn wir die Richtung wechseln und uns aus der Stagnation herausbewegen wollen, brauchen wir die Hingabe an eine Sache. Hingabe ist etwas anderes als »Beherrschung«, auch wenn man vielleicht einige Techniken neu erlernen muss, um eine neue Tätigkeit ausüben zu können. Will ich Musiker werden, muss ich mein Instrument beherrschen, will ich Webdesignerin werden, muss ich Computertechnik und den Umgang mit verschiedenen Programmen beherrschen. Aber ich werde nie ein guter Musiker und nie eine gute Webdesignerin sein, wenn ich nicht Begeisterung für die Sache spüre, wenn ich nicht mit Hingabe an meine Aufgabe herangehe, die meiner Begabung entspricht. Hin-Gabe, Auf-Gabe, Be-Gab-ung – uns ist etwas gegeben, für das wir Verantwortung tragen und dem wir uns hingeben sollen. Erinnern Sie sich an den Ausspruch von Hesse in Kapitel 1, Seite 17, über das »Amt der eigenen Seele«? Es ist fast etwas Heiliges um dieses Thema, etwas, das über uns hinausgeht und auf Höheres verweist, und das I Ging greift im Zeichen »Die Begeisterung« auch diesen Aspekt auf:

Der Donner kommt aus der Erde hervorgetönt:
Das Bild der Begeisterung.
So machten die alten Könige Musik,
um die Verdienste zu ehren, und brachten sie dem höchsten Gotte dar, indem sie ihre Ahnen dazu einluden.

Der Donner am Anfang des Sommers löst die lange bestehende Spannung, Erleichterung und Freude breiten sich aus. So geht es auch uns, wenn sich die Spannung der Unzufriedenheit und Orientierungslosigkeit löst. Ähnlich wie der Donner hat auch Musik die Macht, die Spannung und die dunklen Gefühle aufzulösen. »Die Begeisterung des Herzens äußert sich unwillkürlich im Laut des Gesangs, in Tanz und rhythmischer Bewegung des Körpers.« (Wilhelm, S. 79)
Wenn sich lang angestaute Probleme lösen, möchten auch wir am liebsten singen und tanzen und vor lauter Begeisterung die ganze Welt umarmen. In diesem Bild des I Ging hat Musik aber nicht nur mit Begeisterung zu tun, sondern sie ist sogar etwas Heiliges. Sie reinigt die Gefühle der Menschen, und sie wird in Gottesdiensten eingesetzt, in denen auch die Ahnen geehrt werden.
Wenn wir unsere Begabungen würdigen und Verantwortung dafür übernehmen, sie nicht zu vergeuden, ehren auch wir sozusagen unsere Ahnen. Von ihnen haben wir unsere Fähigkeiten geerbt, und unseren Begabungen entsprechend zu leben, kann auch eine Form der Dankbarkeit gegenüber dem Strom des Lebens sein.
In dieser Hingabe können wir auch besser auf unsere »innere Musik« hören. Wenn wir auf der Suche nach unserem Weg sind, haben wir bildlich gesprochen manchmal schon eine Ahnung von der Melodie unseres »inneren Liedes« und summen sie vor uns hin, aber wir kennen vielleicht den Text nicht oder haben ihn vergessen. In der Stimme sind Musik und Text vereint, und auf unsere innere Stimme zu hören,

kann uns zur Ganzheit führen. Dieses Hören ist eine Form des Ge-hor-sams, die uns nicht einengt, sondern uns zu unseren eigenen Möglichkeiten befreit. Hören, Horchen, Gehorchen ... Gabe, Begabung, Aufgabe, Hingabe ... wenn wir unseren eigenen Weg gehen, gehorchen wir unserer Begabung, nehmen unsere Aufgabe an, entwickeln eine Vision, die wir voller Begeisterung verwirklichen wollen. Dann fühlen wir uns »im Einklang« und nicht mehr so zerrissen, dann fühlt sich unser Leben wieder »stimmig« an.

»Wenn die Vision stimmt, stellt sich auch der Erfolg ein«, sagte angeblich der Unternehmer und Olympia-Reiter Josef Neckermann einmal. »Und übrigens, wenn ich morgens beim Reiten mit meinem Pferd nicht im Einklang bin, unterschreibe ich an dem Tag kein wichtiges Dokument.« Hier finden wir also wieder das Pferd als Symbol für Harmonie, für tiefere Weisheit eines natürlichen Rhythmus, für Werte, die über denen der vordergründigen geschäftlichen Notwendigkeiten stehen.

Wenn wir im Einklang sind, können wir den richtigen Zeitpunkt abwarten. Wir müssen nichts erzwingen, sondern gehen den Weg des geringsten Widerstandes, der auch in diesem I Ging-Zeichen angesprochen wird. Der Weg des geringsten Widerstandes findet sich überall in der Natur, am deutlichsten sichtbar beim Wasser, das um Steine und Felsen und andere Hindernisse herumfließt. Wenn wir uns dem Fluss des Wassers, das seinen natürlichen Weg geht, entgegenstemmen, müssen wir viel Kraft aufwenden. Gehen wir mit ihm, können wir uns fast mühelos tragen lassen und erreichen dennoch unser Ziel.

Vielleicht haben Sie es in früheren Krisen schon erlebt: Die Wende zum Besseren kommt oft dann, wenn man das Kämpfen aufgibt und sich nach dem Fluss des Lebens richtet. Im Taoismus wird diese Haltung »Wu-Wei« genannt. Wu-Wei heißt »Handeln durch Nicht-Handeln«, aber nicht im Sinn

von verantwortungsloser Passivität, sondern im Sinn von »gelassen zur rechten Zeit das Rechte tun«.
Und was tun Sie jetzt? Welche Melodie summt in Ihnen, welches Lied möchte von Ihnen gesungen werden? Um zu singen, muss man »bei Stimme« sein und in der richtigen »Stimmung« sein. Man braucht technische Fähigkeiten und Einfühlungsvermögen. Und so sollte auch »Ihr Lied« zur rechten Zeit gesungen werden, im Einklang nicht nur mit dem, was Ihrer Sehnsucht entspricht, sondern auch mit dem, was wirklich zu Ihnen passt und was Sie umgibt.
Es ist ein Unterschied, ob Sie mit 25 oder mit 55 eine neue Richtung einschlagen. Andererseits gibt es »alte« Fünfundzwanzigjährige und »junge« Fünfundfünfzigjährige, oder wie Gabriel Laub einmal sagte: »Menschen altern nicht alle gleich. Als manche meiner Altersgenossen *schon* 45 waren, war ich *erst* 45.«
Es macht auch einen Unterschied, ob Sie allein leben oder eine große Familie versorgen müssen, ob Sie einen Partner an Ihrer Seite haben, der Sie unterstützen kann oder ob Sie ihn unterstützen müssen. Von diesen Umständen hängt es möglicherweise ab – zumindest anfangs –, in welcher konkreten Form Sie Ihrer Berufung folgen können und wie viel Zeit Sie ihr widmen können.
Allerdings ist Begeisterung, von der das I Ging in diesem Zeichen spricht, nicht von äußeren Umständen abhängig. Wenn wir »beseelt« sind von einer Sache, tun wir Dinge, die unseren Geist erfüllen, mit Be-geist-erung. Und die wirkt ansteckend, mitreißend, bringt Dinge und Menschen in Bewegung, und es ist durchaus möglich, dass sich widrige Umstände auflösen und Widerstände dahinschmelzen. Falls durch Ihre Entscheidungen Nachteile entstehen können, die Ihnen nahestehende Menschen betreffen, sollten diese natürlich mit einbezogen werden. Vielleicht sind die anderen ja sogar bereit, Sie trotzdem zu unterstützen, denn wenn Sie unglücklich

sind, wirkt das ja auch auf Ihre Angehörigen zurück. In den Lebensgeschichten, die ich im zweiten Teil dieses Buches beschrieb, waren es manches Mal die Partner, die liebevoll den neuen Weg erst durch ihr Engagement möglich machten. Wenn Ihr Partner oder Ihre Partnerin trotz eigener Verluste bereit ist, Sie auf Ihrem Weg zu begleiten und zu unterstützen, sollte das auch gebührend gewürdigt werden.

Begeisterung – und dann?

Begeisterung allein bringt noch keine Veränderung, aber sie kann der Motor sein, der die Verwirklichung der Träume vorantreibt. Wie diese Verwirklichung genau aussehen kann, muss jeder Mensch letztlich selbst entscheiden.
Nehmen wir an, Ihr Ziel, das Sie verwirklichen wollen, ist eine Reise nach Hamburg. Aber welcher von den folgenden Reisenden sind Sie, genau Sie? Einer von Ihnen möchte morgen schon dort sein, eine andere in zwei Monaten, wieder jemand anderer in einem Jahr. Einer kommt aus dem Ruhrgebiet, jemand anderer aus einem Dorf in Bayern, die Dritte aus Flensburg. Eine reist mit einer Handtasche, ein anderer mit schwerem Koffer, eine andere mit Kinderwagen. Einer möchte fliegen, eine mit der Bahn reisen, ein anderer mit dem Auto. Tja, und vielleicht möchte auch jemand zu Fuß gehen. Und alle haben in Hamburg etwas anderes vor. Für all diese verschiedenen Anliegen, die auf den ersten Blick so gleich aussehen, lässt sich unmöglich ein einziger Reiseplan entwickeln. Oder möchten Sie vielleicht lieber nach München? Wenn man sich auf den Weg macht, erscheint plötzlich so vieles verlockend!
Nur Sie können das Ziel und den Weg dorthin festlegen. Zwei große Aufgaben stehen Ihnen jetzt bevor: Sie müssen ent-

scheiden, in welcher Form Sie ganz konkret Ihre Berufung leben möchten, und Sie müssen Informationen sammeln, um eine Strategie entwickeln zu können.
Beide Prozesse wirken eventuell in verschiedener Form zusammen: Vielleicht möchten Sie zunächst möglichst viele Informationen sammeln und dann eine Entscheidung fällen, oder aber Sie gehen umgekehrt vor. Häufiger jedoch werden beide Prozesse parallel laufen, ineinander greifen und sich gegenseitig Impulse geben.

Informationen sammeln

Machen Sie ein »Brainstorming« darüber, in welcher Form sich Ihr Talent umsetzen ließe und wie Sie an Informationen gelangen können. Neben der gezielten Suche nach Informationen lohnt es sich auch hier wieder, Zufälle einzuladen, indem Sie offen für alle Arten von neuen Informationen sind.
Falls Sie noch keinen Internet-Anschluss haben, sollten Sie bald einen beantragen und den Umgang mit guten Suchmaschinen lernen. Nirgendwo bekommen Sie so gezielt Informationen und Kontaktadressen wie hier. Sämtliche Telefonbücher der ganzen Welt können Sie hier abrufen! Trotz meiner eigenen Vorbehalte gegen stundenlanges Rumsurfen bin ich begeistert von den Möglichkeiten des Internets.
Vielleicht erfahren Sie etwas über Ausbildungswege, von denen Sie noch nie gehört haben, von Stipendien und anderen Finanzierungsmöglichkeiten, an die Sie nie gedacht haben. Vielleicht gibt es ganz neue Berufsbilder; vielleicht können Sie im Laufe der Zeit Ihren Beruf allmählich neu erfinden und entwickeln, so wie einige der Menschen, die ich Ihnen vorstellte. Schauen Sie auch in den vielen Job-Suchmaschinen. Vielleicht entdecken Sie Arbeitsfelder, die Sie bisher nie in

Betracht gezogen haben. Seien Sie mutig und denken Sie »quer«! Es gibt durchaus ehemalige Deutschlehrerinnen, die in der PR-Abteilung eines großen Unternehmens glücklich sind, weil sie hier vielseitig kreativ sein können

Eine gute Hilfe zur weiteren Klärung und Ermutigung kann es sein, nach Vorbildern zu suchen, die schon das geschafft haben, was man sich selbst wünscht. Wen kennen Sie oder von wem wissen Sie, der schon das macht, was Sie sich für Ihre Zukunft vorstellen? Versuchen Sie, so viel wie möglich über diesen Menschen herauszufinden. Auch hier kann das Internet hilfreich sein. Vielleicht lässt sich ja persönlich ein Kontakt aufbauen (eventuell finden Sie sogar problemlos eine E-Mail-Adresse). Vielleicht können Sie jemanden bitten, Sie miteinander bekannt zu machen.

Lesen Sie auch Biografien von Menschen, die ursprünglich anders lebten, bevor sie Erfolg in einem neuen Bereich hatten.

Wen kennen Sie, der vielleicht nicht direkt mit Ihrem Thema zu tun hat, aber der jemanden anderen kennt oder Kontakte zu einem Ort oder zu einer Institution hat, die für Sie interessant sind? Die meisten Menschen helfen gern, wenn sie gefragt werden, und manches Mal erfährt man über Umwege dann mühelos das, wonach man suchte.

Nehmen Sie sich viel Zeit, um genüsslich in Buchhandlungen zu stöbern und in der Fülle von Literatur zu jedem nur denkbaren Thema möglichst viel über Ihr Gebiet herauszufinden. Wenn Sie mit Begeisterung bei der Sache sind, werden Sie alle Informationen finden, die Sie brauchen. Es ist durchaus möglich, dass Ihnen fast »wie von selbst« Informationen zufliegen, ohne dass Sie sich bemühen müssen.

Vielleicht öffnen sich ganz neue Perspektiven, vielleicht bekommt Ihre Begeisterung auch einige Dämpfer. Aber niemand verlangt von Ihnen, dass Sie für Ihre innere Wahrheit, für das, was Sie als Berufung empfinden, Ihr bisheriges

Leben komplett aufgeben und alle Unsicherheiten in Kauf nehmen. Es gibt viele Möglichkeiten! Lassen Sie sich Zeit, um zu klären, ob es wirklich sinnvoll ist, aus Ihrer Berufung einen Beruf zu machen, oder ob es sinnvoller ist, eine andere Form dafür zu finden.

Berufung als Beruf: Ausstieg aus dem bisherigen Leben

Dies ist sicher für viele Menschen die größte Sehnsucht, und ich wünsche Ihnen von Herzen, dass Sie diesen Weg schaffen. Aber solch ein Weg ist auch mit dem größten Risiko verbunden, und Sehnsucht allein reicht hier nicht aus. Fundierte Sachkenntnisse müssen hinzukommen, nicht nur inhaltlicher, sondern auch organisatorischer und finanzieller Art. Vor allen Dingen sollten Sie sich selbst realistisch in Ihren Fähigkeiten und Begrenzungen einschätzen können. Wenn Sie bei roten Zahlen auf dem Konto zu schlaflosen Nächten neigen, ist eine freiberufliche Tätigkeit vermutlich nicht zu empfehlen. (Müde Freiberufler verdienen nicht viel ...)
Ist Ihr Talent groß genug, um den gewünschten Beruf auszufüllen, ist Ihre Begeisterung groß genug, um auch Durststrecken durchzustehen?
Wie sieht Ihr Finanzplan für die Übergangszeit aus?
Nach den blumigen Bildern von Raupe und Schmetterling zu Anfang dieses Buches komme ich nun so prosaisch daher?! Aber auch Schmetterlinge werden nicht satt, wenn sie einfach auf einer Blüte sitzen bleiben. Wenn Sie ernsthaft mit dem Gedanken spielen, aus Ihrer Berufung einen Beruf zu machen, empfehle ich Ihnen unbedingt intensives Coaching, ehe Sie eine Entscheidung fällen.
Vielleicht sehen Sie aber letztlich so viele Hindernisse, dass Sie ziemlich schnell zu dem Schluss kommen, es habe ja

doch alles keinen Sinn. Ehe Sie jedoch eine Sehnsucht ganz aufgeben, prüfen Sie, ob es nicht wenigstens einen kleinen Schritt in die ersehnte Richtung geben könnte. Wie dieser aussehen könnte, können nur Sie herausfinden, denn es muss ja nicht unbedingt »Alles oder Nichts« sein.

Mit einem Bein im Alten, mit einem Bein im Neuen: Die Teilzeitchance

Nicht alles, wonach unser Herz sich sehnt, muss in einem Hauptberuf ausgelebt werden. Was in jüngeren Jahren noch möglich ist, ist zu späterer Zeit vielleicht nicht mehr in seiner ganzen Fülle zu leben. Je nach der eigenen Lebenssituation kann es dann sinnvoll sein, Teilzeit in seinem »Brotberuf« zu bleiben und die Vorteile dieser Sicherheit zu nutzen. Das neue Teilzeitgesetz seit Januar 2001 schafft in Deutschland neue Möglichkeiten (siehe unter Internet-Adressen, Seite 178). Es kann einen großen Unterschied in Ihrer Lebensqualität ausmachen, wenn Sie acht bis zehn Stunden pro Woche weniger in Ihrem Brotberuf arbeiten. Es ist zwar möglich, dass Sie dann weniger Chancen auf der Karriereleiter haben, aber Sie haben mehr Chancen, in der restlichen Zeit das, was Sie lieben, zu verwirklichen. Die glücklichsten Menschen sind eindeutig diejenigen, die lieben, was sie tun – unabhängig davon, ob damit Ansehen oder Reichtum verbunden ist.
Wenn Sie also einen Richtungswechsel anpeilen, lassen Sie sich die Freiheit sowohl »nach oben« als auch »nach unten«. Erfolg liegt nicht nur auf dem Weg in vermeintlich höhere Positionen. Manchmal braucht man auch Mut, das, was man erreicht hat, hinter sich zu lassen und einen »Abstieg« zu wagen, der zwar finanzielle Einbußen und Verminderung des Ansehens zur Folge hat, aber den eigenen Sehnsüchten und

unausgelebten Talenten mehr entspricht. Überlegen Sie, ob Sie die gewonnene Zeit nun für den gezielten Aufbau einer neuen Karriere nutzen (wie es einige meiner Interviewpartner taten) oder ob Sie Ihrer Leidenschaft eher als Hobby nachgehen.
Manchmal kann es sogar leichter sein, als Brotberuf einen schlichteren Job zu wählen, der einen nicht so stark fordert wie der bisherige Beruf, und dann mehr Energie in eine neue Ausbildung zu stecken. Falls Sie die Doppelbelastung fürchten: Eine Tätigkeit, die den eigenen Fähigkeiten und der tief gespürten Berufung entspricht, bringt auch neue Energie, statt nur Energie zu verbrauchen, und diese Tatsache wiegt alle Verluste und Anstrengungen reichlich auf. Solche Erfahrung machten alle Menschen, mit denen ich für dieses Buch sprach.

Brotberuf und Leidenschaft

Bei aller Sehnsucht nach einem anderen Leben kann es aber auch Lebenssituationen geben, in denen es sinnvoll ist, Brotberuf und Leidenschaft zu trennen. Wenn Ihre Kinder noch in der Ausbildung sind, wenn Sie sowieso in einem Jahr in Rente gehen können, wenn Ihre Angst vor Veränderung noch größer ist als die Sehnsucht, wenn Sie noch unsicher sind, ob Ihre Begabung für etwas Neues ausreicht, wenn Sie noch ein paar Jahre sparen wollen, um später Ihre Pläne zu verwirklichen (wie der Ingenieur in Südamerika, Seite 69 ff.) – es gibt viele Gründe, um an der äußeren Situation nichts Wesentliches zu verändern.
Das muss aber nicht Resignation und kompletten Verzicht bedeuten. Auch eine als Liebhaberei ausgelebte Leidenschaft kann große Befriedigung bringen und die Begeisterung da-

raus kann sich durchaus belebend auf den bisher ungeliebten Brotberuf auswirken. Um Zeit für das Ausleben der Sehnsüchte zu gewinnen, hilft ein ganz einfaches Mittel: Melden Sie den Fernseher ab! (Das ist ein von mir praktisch erprobter Vorschlag ...) Und denken Sie noch einmal über das auf Seite 128 ff. beschriebene kreative Trödeln nach.

Innerer Richtungswechsel

Es gibt Lebenssituationen, in denen wir uns von allen großartigen Träumen verabschieden müssen. »Eigentlich« gilt nicht mehr, die Sehnsüchte werden zunehmend unproduktiv, und sie machen uns traurig. Das Jahr in Südamerika wird nicht mehr stattfinden, für einen Roman reichen die Ideen doch nicht, die Zeit für eine eigene Firma ist vorbei, Professor wird man mit 50 auch kaum mehr, begnadete Konzertpianistin schon mit 20 nicht mehr, und dass man gern zeichnet, ist in keinem Alter eine Qualifikation für einen Studienplatz in der Kunstakademie.
In dieser Situation gilt, sich klarzumachen: Wenn eine Tür sich schließt, öffnet sich fast immer eine andere. Wir sind allerdings oft so damit beschäftigt, die geschlossene Tür anzustarren, dass wir die offene gar nicht wahrnehmen.
Dann wird es Zeit, einen *inneren* Richtungswechsel, einen Wechsel der Blickrichtung vorzunehmen: Statt über das Versäumte zu jammern, ist es sinnvoller, sich mit den eigenen Begrenzungen zu arrangieren und liebevoll Abschied zu nehmen von den nicht gelebten Möglichkeiten. Andernfalls wächst die Unzufriedenheit und bindet kostbare Energie. Ein bewusster Verzicht oder Kompromiss aber bedeutet Versöhnung mit dem, wie es ist. Versöhnung wiederum setzt neue Energien frei. Ein Mensch, der nicht mehr unerfüll-

baren Träumen nachtrauert, sondern sich der Gegenwart in all ihrer Fülle zuwendet, ist nicht resigniert, sondern heiter und weise. Das, was wir tun, verantwortungsvoll und gut zu tun, kann wahre Erfüllung sein.
Ich wünsche Ihnen viel Begeisterung und Mut auf Ihrem Weg.

Ich lebe mein Leben in wachsenden Ringen,
die sich über die Dinge ziehn.
Ich werde den letzten vielleicht nicht vollbringen,
aber versuchen will ich ihn.

(RAINER MARIA RILKE, DAS BUCH VOM MÖNCHISCHEN LEBEN)

Ein kleiner Nachtrag

Das Manuskript war fertig und ich wollte telefonisch nur noch restliche Korrekturen mit dem Lektorat in München besprechen. Da berichtete mir Ulrike Reverey, sie habe morgens zufällig einen Text gelesen, der genau das Bild von Raupe, Kokon und Schmetterling aufgreift, das mir am Beginn meines Buches im Traum geschenkt wurde und immer wieder begegnete. Lesen Sie selbst:

»Wie fühlt sich ein Schmetterling, während er sich aus seinem Kokon befreit? Braucht er Mut, um seine schützende Hülle zu verlassen, oder gilt sein Streben einzig und allein dem Ziel, nach draußen ans Licht zu gelangen?

Wäre ich ein Schmetterling, ›wüsste‹ ich um meine Bestimmung, mich von der einen auf die nächste Stufe der Entwicklung zu begeben. Nichts wäre natürlicher, als von einer Raupe zum Schmetterling zu werden. Wäre ich eine Raupe, hätte ich keine Angst davor, mich dereinst in die Lüfte zu erheben und zu fliegen.« (Goldsmith/Manulani, S. 83)

Wohlgemerkt: Ich kannte dieses Buch nicht! Und dann gingen die merkwürdigen Zufälle weiter: Am Mittag desselben Tages fand ich in einem (Münchner!) Magazin einen Artikel über die Liebe, der mit Schmetterlingen illustriert war und so begann: »Jetzt flattern sie wieder, die Schmetterlinge und die Menschen. Der Frühling holt sie aus ihrem Kokon.« (Chrismon, 05/2001, S.12) – Die Lektorin findet zum Frühstück einen Text über Schmetterling und Kokon, die Autorin zum Mittagessen. Und das, nachdem die Arbeit an diesem Buch beendet war ... Jetzt sind Sie dran, liebe Leserin, lieber Leser! Ich bin gespannt, wann und wo sie Ihnen begegnen, die bunten Schmetterlinge. Lassen Sie sich von ihnen berühren und geben Sie Ihren Herzenswünschen Flügel!

Dank

Vielen Menschen danke ich für ihre Unterstützung bei diesem Buch. An erster Stelle verdienen alle, die sich ausführlich über ihre Lebensgeschichte befragen ließen, meinen ganz besonderen Dank. Neben den Informationen für dieses Buch wurde ich mit vielen intensiven Gesprächen reich beschenkt.

Mein Mann unterstützte mich in vielen Jahren nicht nur bei meinen eigenen Richtungswechseln, sondern entlastete mich auch im Alltag des Schreibens sehr.

Ulrike Reverey im Kösel Verlag machte die Zusammenarbeit wieder zu einem ganz besonderen Vergnügen.

Anja Kolberg danke ich für unseren wundervollen E-Mail-Austausch.

Und unsere Hunde Cora und Lucy lehrten mich in den Monaten des Schreibens viel über Abschied und Neubeginn und erinnerten mich täglich daran, dass es jenseits von Schreibtisch und Computer noch Wälder und Felder gibt.

Literatur

Adrian, F. : *Die Schule des I Ging.* 2 Bde. München: Diederichs, 1995

Andersen, H. Chr.: *Sämtliche Märchen und Geschichten in 2 Bänden.* Leipzig: Dieterich, 1953

Böll, H.: »Das Risiko des Schreibens«, in: *Zur Verteidigung der Waschküchen. Schriften und Reden 1952–1959.* München: Deutscher Taschenbuch Verlag, 1985

Brasch, Th.: »Stillen«, in: *Kargo.* Frankfurt: Suhrkamp, 1977

Chevalier, J./Gheerbrant, A.: *Dictionnaire des Symboles.* Paris: Laffont/Jupiter, 1982

Czikszentmihalyi, M. im Interview mit *Psychologie Heute,* 2000

Coelho, P.: Interview im Internet unter *www.baraka.de*, 2000

Diederichs, U. (Hrsg.): *Erfahrungen mit dem I Ging. Vom kreativen Umgang mit dem Buch der Wandlungen.* München: Diederichs, 1984

Domin, H.: »Wenn das Innen zum Außen wird. Im Gedicht begegnet der Mensch sich selbst«, in: *Publik Forum Extra,* 1995

Driever, W.: *Meine Berufung*, im Internet unter: *www.erzabtei.de*

Dethlefsen, Th./Dahlke, R.: *Krankheit als Weg. Deutung und Bedeutung der Krankheitsbilder.* München: Goldmann, 1998

Ende, M.: *Momo.* München: Heyne, 1996

Ende, M.: *Zettelkasten. Skizzen und Notizen.* Stuttgart: Weitbrecht, 1993

Erickson, M., in: Rosen, S.: *Die Lehrgeschichten von Milton H. Erickson.* Hamburg: Isko- Press, 1985

Franz, M.-L. von.: *Erlösungsmotive im Märchen.* München: Kösel, 1986

Frisch, M.: »Bin oder die Reise nach Peking«, in: *Gesammelte Werke, Bd. 1,* Seite 640. Frankfurt/M.: Suhrkamp, 1976
Frisch, M.: *Tagebuch 1946–1949*. Frankfurt: Suhrkamp, 1985
Goldsmith, B./Manulani: *Das Ei des »Boomerang«. Die Sieben Fenster des Wünschens.* München: Scherz, 2000
Hentig, H. von.: *Meine Deutschen Gedichte*. Velber: Kallmeyer, 1999
Hesse, H.: Gedicht »Welkes Blatt«, in: *Die Gedichte.* Frankfurt/M.: Suhrkamp, 1977
Hesse, H.: *Gesammelte Briefe*, Bd. 4, zitiert in Hesse, H.: *Eigensinn macht Spaß. Individuation und Anpassung*. Frankfurt/M.: Suhrkamp, 2000
Hesse, H.: *Demian. Die Geschichte von Emil Sinclairs Jugend.* Frankfurt/M.: Suhrkamp, 1974
Hillman, J.: *Charakter und Bestimmung. Eine Entdeckungsreise zum individuellen Sinn des Lebens*. München: Goldmann, 1998
Jung, C.G.: *Erinnerungen, Träume und Gedanken*. Düsseldorf, 1997[14]
Kuhn, Ch./Engelke, K.: *Wie gut, daß bei uns alles anders ist!* Friedland: Bielefeld, 1999
Lenz, F.: *Der Mönch auf dem Snowboard. Eine Zen-Phantasie*. München: Goldmann, 1998
Mardorf, E.: »Das I Ging in der psychotherapeutischen Praxis und Lebensberatung«, in: Moog, H. (Hrsg.): *Leben mit dem I Ging*. a.a.O.
Mardorf, E.: *Das kann doch kein Zufall sein! Verblüffende Ereignisse und geheimnisvolle Fügungen in unserem Leben*. München: Kösel, 1997
Mardorf, E.: *Ich schreibe täglich an mich selbst. Im Tagebuch die eigenen Stärken entdecken*. München: Kösel, 1999
Moog, H. (Hrsg.): *Leben mit dem I Ging. Erfahrungen aus Kunst, Therapie, Beruf und Alltag*. München: Diederichs, 1996

Petzelt, H.W.: *Das Bildnis des Dichters. Rainer Maria Rilke und Paula Modersohn-Becker. Eine Begegnung*. Frankfurt/M.: Insel, 1977

Platsch, A.: *Gescheitert am Turmbau der Mächtigen. Gedichte 1990–1992*. Hockenheim: Czernik-Verlag/Edition L., 1993

Riedel, I.: *Träume, Wegweiser in neue Lebensphasen*. Stuttgart: Kreuz, 1997

Rilke, R.M.: »Das Buch vom mönchischen Leben«, in: *Das Stundenbuch*. Frankfurt/M.: Insel, 1973

Rinser, L.: *Kunst des Schattenspiels.* Frankfurt/M.: Fischer, 1997

Röder, K.: *Vom Licht und Neuwerden der Seele*. Hohenschwangau: Georgos, 1990

Stutz, P.: *Alltagsrituale. Wege zur inneren Quelle*. München: Kösel, 1998

Terzani, T.: *Fliegen ohne Flügel. Eine Reise zu Asiens Mysterien*. München: Goldmann, 1998

Wilhelm, R.: *I Ging. Text und Materialien*. München: Diederichs, 1973

Wing, L.R.: *Das Arbeitsbuch zum I Ging*. München: Heyne, 1993

Internet-Adressen

www.felsenweginstitut.de (Seminare)
www.frauencoaching.de (Homepage von Anja Kolberg mit Informationen zu Coaching)
www.gbackhaus.de (Seminare über Lebenssinn und Erfüllung)
www.ichingoracle.com (Homepage von Hanna Moog und Carol Anthony)
www.lebensgarten.de (Lebensgarten Steyerberg, Kurse und Workshops)
www.odenwaldinstitut.de (Odenwald-Institut, Kurse und Workshops)
www.osterberginstitut.de (Seminare)
www.teilzeit-info.de (Bundesministerium für Arbeit und Sozialordnung mit Informationen zum Teilzeitgesetz)
www.zahnarztpraxisberthold.de (Homepage von Susanne Berthold mit Informationen zu ganzheitlicher Zahnmedizin)
www.zentrumimkraichgau.de (Seminare)
www.zist.de (Seminare)

Homepage von Elisabeth Mardorf: *www.lebensweisheit.de*